ESSAI

SUR

L'INTOLÉRANCE.

IMPRIMERIE DE JULES DIDOT AINÉ,
RUE DU PONT-DE-LODI, N. 6.

ESSAI
SUR
L'INTOLÉRANCE

EN MATIÈRE DE PHILOSOPHIE ET DE RELIGION;

où l'on examine

LES TOMES III ET IV

DE L'ESSAI

SUR L'INDIFFÉRENCE

EN MATIERE DE RELIGION,

DE M. L'ABBÉ DE LA MENNAIS,

et dans lequel on venge

LES PHILOSOPHES, LES JUIFS, LES PROTESTANTS, LA RAISON ET LE GOUT;

PAR MOSSÉ,

auteur de l'Examen des tomes I et II

DE L'ESSAI SUR L'INDIFFÉRENCE,

publié sous le nom pseudonyme

DE LE JOYEUX DE St. ACRE;

et de divers autres écrits.

A PARIS,

CHEZ L'ÉDITEUR, RUE DES FILLES-St.-THOMAS, N° 5,

A L'ENTRESOL,

M DCCC XXIII.

ESSAI
SUR
L'INTOLÉRANCE

EN MATIÈRE DE PHILOSOPHIE ET DE RELIGION,

OU L'ON EXAMINE, ENTRE AUTRE CHOSE

LES TOMES III ET IV

DE L'ESSAI SUR L'INDIFFÉRENCE

EN MATIÈRE DE RELIGION,

DE M. L'ABBÉ DE LA MENNAIS.

Aux principes subversifs de tout ordre, de toute raison, de toute humanité, que plusieurs perturbateurs du repos public proclament avec audace, dans des écrits incendiaires où l'on ne trouve pas même la décence du langage, on pourrait redouter que les dogmatiseurs frénétiques voulussent encore bouverser et ensanglanter la terre.

Sous le manteau de la religion et de l'intérêt des rois, ces perturbateurs laissent voir la férocité, l'ambition, la cupidité; aucun respect humain, aucune pudeur ne les arrête; leur langage est constamment celui de la fureur, du délire, du mensonge; ils semblent se proposer de diviser les hommes et d'aveugler les souverains sur leurs véritables intérêts, afin de s'emparer des trésors des uns et de la puissance des autres.

Pour l'honneur des temps présents, nous ne voulons pas croire que le fond du cœur de ces hommes ait la moindre ressemblance avec leurs démonstrations; mais il est du devoir de tout écrivain philanthrope, d'opposer la saine raison, la saine équité, aux déclamations violentes qu'on voit incessamment éclore.

De tous les écrits publiés depuis quelques années, il n'en est point qui nous aient paru plus répréhensibles que ceux de M. l'abbé de La Mennais; non qu'ils soient plus forts de raisonnement, ni plus éloquents, ni plus énergiques que les autres, car il n'est rien de plus déplorable au monde, sous tous les rapports, quoiqu'en aient publié ses amis dans divers journaux où les mêmes principes dominent, mais parcequ'ils sont moins déguisés qu'aucun du même genre, et que la barbarie de l'expression, si l'on peut s'exprimer ainsi, répond à la barbarie des principes.

Nous le répétons encore, nous ne voulons pas croire possible qu'aucun homme de nos jours, en France sur-tout, soit capable de desirer l'accomplissement de pareils vœux, même alors qu'il les émet; nous sommes, au contraire, persuadé que M. de La Mennais, plus encore que tout autre, puisqu'il est revêtu d'un caractère qui doit faire supposer des vertus, reculerait d'effroi et de désolation s'il était jamais possible d'en voir s'accomplir même la moindre partie.

Cet écrivain croit aux bons et mauvais génies, ou aux bons et mauvais anges: nous lui rendrons en conséquence un véritable service si nous pouvons désiller ses yeux, et lui faire apercevoir que c'est son mauvais génie, réuni au mauvais génie de la France, qui le pousse à composer et à publier de pareils écrits.

La concorde, la bonne harmonie des peuples, sont indispensables, non seulement pour les intérêts et le repos des chefs des états, mais encore pour tous les hommes qui en tiennent quelques faveurs, quelques charges, quelques revenus; nous mettons à part la sollicitude, l'humanité des cœurs droits, qui méritent cependant de compter pour quelque chose.

Troubler la bonne harmonie, empêcher la concorde dans un pays, c'est donc non seulement rendre inhumainement les peuples malheureux, mais encore c'est exposer les souverains, et tous ceux qui en tiennent quelque chose, à des bouleversements, à des pertes, à des chagrins, presque toujours sans remède.

Rien n'est plus propre à amener ces tristes résultats que l'intolérance religieuse et politique, ainsi que les déclamations calomnieuses contre toutes les classes et tous les âges.

Le mauvais génie de M. l'abbé de La Mennais, le tourmente sans relâche; il le pousse à écrire dans un journal qui fait plus de mal aux Français que les guerres les plus désastreuses ne pourraient lui en faire, un jour: c'est l'éloge de l'inquisition, des tortures, des proscriptions et de tous les autres accessoires de l'intolérance, qui sortent de la plume de cet écrivain ; un autre jour, c'est toute la génération actuelle et la jeunesse des écoles qu'il calomnie à outrance, avec la plus scandaleuse audace..... et son mauvais génie lui donne encore le malheureux courage de signer, en toutes lettres, son nom au bas de tels articles, afin de le vouer au mépris et à l'animadversion des contemporains et de la postérité.

Nous laisserons de côté les articles de journaux dont M. l'abbé de La Mennais se rend coupable, d'autres journaux lui répliquent et satisfont ainsi à la vindicte publique.

Mais ses livres nous serviront de texte à des remarques qui seront toutes dictées par l'intérêt public, et l'amour des véritables saines doctrines.

On se tromperait cependant en supposant que nous aurions jugé convenable de combattre les opinions de M. l'abbé de La Mennais si la France était assez heureuse pour qu'il n'y eût que lui qui les affichât avec une sorte de délire ; nous publions cet écrit non contre un homme quel qu'il soit, non contre un livre quelconque, mais pour soutenir des principes de raison, de morale, de justice, nous avons dit de philosophie, que, malheureusement pour cette époque et la France, plusieurs hommes bruyants semblent se faire une triste gloire de méconnaître.

Ce n'est point (comme on le pense bien, d'après l'étendue du titre que nous avons pris) un traité méthodique et philosophique contre l'intolérance que nous avons composé; c'eût été faire trop de cas de quelques malheureuses déclamations, que de leur accorder l'honneur de les juger dignes de servir de texte à un travail d'une si haute importance; nous ne devions les traiter qu'ainsi qu'elles méritent de l'être; et comme l'on n'y voit, pour soutenir de détestables principes, que des raisonnements dépourvus d'adresse autant que de vérité, et qu'un style grossier et de mauvais goût où l'on trouve, au lieu de force, les injures les plus dégoûtantes; au lieu de talent et de savoir, les misères et les aberrations de l'esprit les plus bizarres; nos chapitres ne seront autre chose qu'une réunion de mélanges critiques, littéraires et philosophiques, pour amuser et délasser le lecteur aux dépens de ceux qui avouent de méchantes prétentions, de faux raisonnemens, et de ridicules écrits.

Toutes nos citations sont de la plus sévère exactitude, et tirées de la première édition in-8°, donnée à Paris en 1823, des tomes III et IV de l'Essai sur l'Indifférence en matière de religion, par M. l'abbé F. de La Mennais; comme ces citations sont aussi étendues qu'il était nécessaire qu'elles le fussent, on n'aura jamais besoin d'avoir recours à l'ouvrage qui nous les a fournies. Nous nous flattons que ceux qui ne connaîtront pas les tomes de M. de La Mennais, trouveront, ainsi que ceux qui les auront lus, le même intérêt dans notre écrit, et le jugeront tout-à-fait indépendant de l'Essai sur l'Indifférence en matière de religion.

MOSSÉ.

CHAPITRE PREMIER.

Enfantement de M. l'abbé de La Mennais.—État du 1er volume.—État du 2e volume.—Lettre anonyme.—Effet de cette lettre.—Publication de l'Examen des tomes I et II. — Supposition des amis de M. l'abbé de La Mennais.—Véritables motifs de cette critique.—Exemple suivi.—Aménités de M. l'abbé de La Mennais envers M. l'abbé Bellugou et M. Jondot. — Modestie de l'auteur de l'Essai sur l'Indifférence et de ses amis.— Modération, charité et bienséance de M. l'abbé de La Mennais et de ses amis. — Polémique curieuse entre des têtes sous le même bonnet. — M. A.... du journal des Débats, et M. L........ de la Quotidienne. — Effets de notre examen des tomes I et II.—Apparition des tomes III et IV.

Ce fut en 1817 que M. L'abbé de La Mennais publia le premier volume de son ouvrage intitulé : *Essai sur l'Indifférence en matière de religion.*

Ce fut en 1820 qu'il publia le deuxième volume du même ouvrage, et c'est en 1823 qu'il en publie les troisième et quatrième.

Il paraîtrait d'après cela que M. l'abbé de

La Mennais est d'une espèce particulière, et que ses portées sont plus longues que celles de tous les êtres qui peuplent le monde; il lui faut trois ans pour mettre au jour un de ses enfants..... trois ans !.... ceux qui ne connaissent ni le père ni les progénitures, s'imagineront sans doute qu'il produit des colosses effrayants! mais non, qu'ils se rassurent:

La montagne en travail enfante *un seul volume*.

A la vérité si ce volume n'est pas très gros, en revanche il est lourd comme mille, et c'est sans doute à cause de son poids matériel, qu'il est si long-temps à être formé.

Le premier de ces volumes est le plus gros des quatre; l'auteur y a jeté tout son feu; et, comme il est son aîné, il a voulu qu'il dépassât les autres non seulement en fortune, mais encore en rang et en titres: il l'a donc rempli de tous les faux brillants qui composent son patrimoine; c'est celui qui conséquemment a été le plus vanté, qui lui a valu le plus de renommée, et qui lui a rapporté le plus d'argent.

Cependant, si, d'après cela, quelqu'un supposait ce premier-né d'une bonne taille et d'une certaine beauté, nous n'aurions qu'à le renvoyer à notre examen de ses tomes I et II, pages 1 à 114, pour lui prouver que, réduit à ce qu'il est, ce gros volume n'est plus qu'une mince brochure, où le clinquant est donné pour de l'or, où le jargon (1) est donné pour du diamant.

Le puîné de M. l'abbé de La Mennais est moitié moins gros que ses frères, et a fait connoître à l'auteur toutes les tribulations de la paternité : une partie de ses amis lui ont trouvé des défauts inexcusables, et en vain quelques autres le vantaient outre mesure, il était destiné à succomber sous les coups les plus formidables, et les plus difficiles à parer. Nous-mêmes qui connaissions à peine le nom de M. l'abbé de La Mennais, et qui ne cherchions guère à connaître ses œuvres, nous fûmes appelés à la vengeance de la raison outragée, presque malgré nous.

Nous nous occupions d'un grand travail, auquel d'autres occupations forcées ne nous ont

(1) Le *jargon* est une pierre fausse taillée comme la rose.

pas encore permis de mettre la dernière main, lorsque, nouveau Brutus, ou Cassius, nous reçûmes un billet anonyme ainsi conçu :

« Tu dors!.... et M. l'abbé de La Mennais
« diffame les sciences et les savants, la phi-
« losophie et les philosophes....; tu dors!....
« et il appelle à grands cris l'intolérance et ses
« tortures..... tu dors!.... et il proclame la po-
« litique la plus cruelle, les principes les plus
« dissolus, les plus anti-sociaux, les plus in-
« humains..... tu dors!....et il insulte la raison,
« le goût, et jusqu'à la langue....; tu dors!....
« et des journalistes éhontés le proclament un
« grand homme..... »

Ce singulier billet, dont l'auteur nous est encore inconnu, nous porta à nous procurer et à parcourir le premier et le deuxième volumes de l'*Essai sur l'Indifférence en matière de religion*, et nous ne les eûmes pas plutôt entrouverts, qu'un profond sommeil vint fermer malgré nous nos paupières ; il nous produisirent ainsi l'effet tout contraire à celui que l'auteur du billet en attendait; d'où nous conclûmes que l'anonyme ressemblait à ces médecins qui supposant aux personnes qu'ils visitent des maladies qu'elles n'ont pas, finissent par les leur donner, à l'aide des remèdes qu'ils leur prescrivent.

Revenu de notre premier sommeil, nous parcourûmes les volumes qui l'avaient provoqué, et nous nous aperçûmes en effet que M. l'abbé de La Mennais, sous le prétexte de combattre l'indifférence en matière de religion, déraisonnait avec fureur, et insultait sans aucun ménagement, sans aucune modération, sans le moindre respect humain, les plus grands hommes de l'antiquité, les plus grands philosophes des temps modernes ; calomniait l'état social de tous les peuples, harcelait tous les gouvernements, et chargeait toutes ses déclamations hyperboliques de cadavres, de néant, de morts, de putréfactions, de tombeaux, d'ombres, de sang, d'infection, de supplices, de ténèbres, de crimes, de corruptions, de pourritures, et autres merveilles semblables, dont l'effet dégoûtant lui paraissait digne d'orner toutes ses propositions.

Alors, nous crûmes qu'il était de notre

devoir de prendre la plume et de foudroyer le pygmée qui s'érigeait en géant.

Nous nous fîmes donc violence, et malgré les innombrables migraines que les deux volumes de M. l'abbé de La Mennais nous donnèrent, malgré les fréquentes attaques d'un sommeil léthargique qu'ils provoquèrent sur nous, malgré le mauvais sang que les propositions révoltantes qu'ils contiennent nous firent faire, nous nous dévouâmes et nous lûmes complétement ses tomes I et II, dont nous composâmes sur-le-champ l'*examen critique*.

Cet examen eut et a conservé un succès qu'il était facile de prévoir en combattant pour l'humanité, la raison et le goût, contre la cruauté, l'extravagance et la sottise; d'autres que nous s'en féliciteraient peut-être, mais le triomphe était trop facile à obtenir pour que nous y trouvions d'autre prix, que celui d'avoir rempli notre devoir d'honnête homme et d'écrivain.

L'acerbité de notre critique fit supposer aux amis et aux partisans de M. de La Mennais, que nous étions un de ses ennemis et ils se trompèrent; nous n'avons jamais vu l'auteur de l'Essai sur l'Indifférence, et nous n'avions, avant d'avoir lu son livre, aucun sujet de l'aimer ni de le haïr; cette lecture nous a donné de l'humeur, nous l'avons traité avec beaucoup plus de ménagements qu'il n'a traité les sciences et la philosophie, les savants et les philosophes, les peuples et les gouvernements, de tous les temps et de tous les lieux: de quoi peut-on se plaindre?..... serait-il donc permis à un homme inconnu, ou même à un homme célébre, de salir les plus belles réputations? de calomnier et d'insulter les plus grands hommes? d'afficher la plus atroce intolérance? la plus stupide politique? de traiter Voltaire, Rousseau, Montesquieu, comme des écoliers? de repousser la civilisation? d'appeler la barbarie? et il serait défendu de le combattre avec des armes pareilles aux siennes !....

L'écrivain qui publie un ouvrage n'a des droits réels aux égards et aux ménagements de ses contemporains et de la postérité, que lorsque dans cet ouvrage il ne contredit les opinions des autres qu'avec urbanité et modestie; s'il se permet des emportements déplacés, il doit s'attendre à des représailles, et il est même du devoir de ses contemporains de venger la mémoire, l'honneur, et la renommée des grands hommes qu'il outrage.

Nous n'avons donc que rempli notre devoir en prenant la défense des bons principes, de la saine philosophie, du vaste savoir des grands écrivains contre lesquels M. l'abbé de La Mennais s'est permis les diatribes les plus choquantes ; il ne peut résulter de là que nous soyons son ennemi, mais plutôt l'admirateur et le vengeur de ceux qu'il calomnie sans relâche, et qu'il insulte sans réserve.

Nous ne considérons la critique comme un droit que dans un cas pareil, et dans tout autre nous nous la serions interdite comme un crime.

L'exemple que nous donnâmes par la publication de notre *examen* fut suivi quelques mois après par M. l'abbé Bellugou et par M. Jondot, ancien collaborateur du journal des Débats, qui publièrent chacun un volume contre le tome II de l'Essai sur l'Indifférence en matière rde eligion.

M. de La Mennais, *n'avait point mérité cet excès d'honneur*, et nous avouons que si l'un de ces deux écrivains, ou tout autre, avait publié avant nous une critique de ses deux premiers tomes, sous les rapports philosophiques, politiques et littéraires, ce qu'ils n'ont pas fait, car ils se sont bornés aux doctrines religieuses du IIe volume seulement, nous n'aurions point composé notre premier *examen*.

Mais l'orgueil de M. l'abbé de La Mennais, aurait dû être flatté de voir que ses écrits lui attiraient des volumes de réfutations, et puisqu'il trouvait ces réfutations trop violentes, quoiqu'il se fût permis des violences incomparablement plus fortes contre des écrivains incomparablement plus éloquents que lui, contre des philosophes incomparablement plus profonds que lui, contre des savants incomparablement plus éclairés que lui; il aurait dû, dans le journal qu'il rédigeait, répondre à ces critiques avec une modération d'autant plus grande que cette affaire le touchait de plus près; il aurait dû faire admirer sa politesse, son goût, et ne pas adresser à leurs auteurs de ces locutions qui ne sortent guère que de la bouche des gens du coin des rues.

Que dit-il à M. l'abbé Bellugou, dans le Défenseur, qu'il rédigeait alors?.... le voici:

Convient-il, nous ne dirons pas seulement à UN PRÊTRE *qui* DOIT PORTER EN TOUT L'ESPRIT DE MODÉRATION ET DE CHARITÉ, *mais encore à* TOUT HOMME, *quel qu'il soit*, QUI A LE SENTIMENT DES BIENSÉANCES, *de s'exprimer avec* CETTE AIGREUR ET CETTE VIOLENCE *dans le titre d'un ouvrage qu'il dirige contre un ecclésiastique* JUSTEMENT CONSIDÉRÉ *comme* L'UNE DES LUMIÈRES DE L'ÉGLISE, *contre un* ÉCRIVAIN QUI FAIT HONNEUR A SON SIÈCLE *et dont il ne peut pas plus suspecter les intentions que* MÉCONNAITRE L'ADMIRABLE TALENT? *nous ne le pensons pas. Mais sans nous attacher ici à ce qui est plus ou moins convenable, comment se peut-il faire que M. Bellugou essaie seulement de réfuter ce qu'il affirme erroné et dangereux; ou comment ose-t-il établir une semblable affirmation et supposer ainsi ce qui est en question, si en effet il ne fait qu'essayer? De quelque manière qu'il l'entende, il y a vice d'expression et de raisonnement dans cette phrase, et il est assez fâcheux de se montrer mauvais logicien jusque dans le titre d'un livre où l'on se présente comme adversaire* D'UN HOMME TEL *que M. l'abbé de La Mennais* (1).

Nous ne pouvons affirmer que ces lignes soient de l'auteur de l'Essai sur l'Indifférence en matière de religion, puisqu'elles ne sont pas signées par lui dans le Défenseur, mais on y trouve une telle ressemblance avec son style, qu'on a de la peine à se persuader qu'elles aient été écrites par un autre rédacteur que lui.

Dans tous les cas, ce petit passage et une multitude d'autres qu'on trouve dans le Défenseur, et qui sont presque toujours du même coloris, ont dû être jugés d'une inconvenance monstrueuse pour une feuille dont M. l'abbé de La Mennais était le principal rédacteur.

Comment a-t-on pu s'y déterminer à imprimer en toutes lettres qu'*un homme tel que lui* était *justement considéré comme l'une des lumières de l'Église*, que c'était *un écrivain qui faisait honneur à son siècle* et dont on *ne pouvait méconnaître l'admirable talent ?*.... En vérité voilà de ces éloges qui auraient dû arrêter ou faire rougir l'auteur de l'Essai sur l'Indifférence !

---

(1) Le Défenseur, tome IV, page 97, 1820.

Mais puisqu'il reconnaît, ou que ses *imprudents amis* reconnaissent dans ce petit passage, qu'*il convient non seulement à* UN PRÊTRE *qui doit* PORTER EN TOUT L'ESPRIT DE MODÉRATION ET DE CHARITÉ, *mais encore à* TOUT HOMME, *quel qu'il soit,* QUI A LE SENTIMENT DES BIENSÉANCES *de s'exprimer sans* VIOLENCE *et sans* AIGREUR, pourquoi a-t-il mis tant d'emportement dans ses deux premiers volumes?.... Sans doute dira-t-on, peut-être, qu'il s'en repentait alors, et qu'il s'est modéré ensuite..... Voyons donc sa modération subséquente envers M. Jondot.

Dans le même Défenseur, on lit page 419 du même volume :

Pour répondre à M. Jondot qui nous accuse de mensonge, NOUS VOUDRIONS TROUVER *dans la langue française* UNE EXPRESSION PLUS ÉNERGIQUE *que celle-ci :* VOUS EN AVEZ MENTI, *et pour la seconde fois,* VOUS EN AVEZ MENTI ; *mentiris* IMPUDENTISSIMÈ. *M. Jondot,* VOUS QUI NE SAVEZ PAS ÉCRIRE, *est-ce que par hasard* VOUS NE SAURIEZ PAS LIRE ?

Hé bien ! comment trouve-t-on cette *modération*, cette *charité* qui convient non seulement à *un prêtre* mais encore à tout homme qui a *le sentiment des bienséances?*.... Y a-t-il de la *violence?* y a-t-il de *l'aigreur?*... le lecteur peut en juger.

M. l'abbé de La Mennais, ou ses imprudents collègues, n'a pas mieux traité ceux qu'il devait croire ses amis que ceux qu'il supposait ses ennemis : il n'est rien de plus amusant que de parcourir dans les pages du même Défenseur de 1820 ce qu'il a dit de M. A.... du journal des Débats, et sur-tout de M. L........ de la Quotidienne.

Le dernier est accusé du crime de *ne pas comprendre un mot* (1) de l'Essai sur l'Indifférence en matière de religion; le premier dit-il, L'ENTEND BIEN MIEUX *quoiqu'il ne l'entende* PAS ASSEZ (2) *et auprès de la critique de l'autre* LA SIENNE EST UN CHEF-D'OEUVRE (3). *Notre projet n'est point de répondre ici*, ajoute-il, *à M. L........ une* MAIN PLUS HABILE ET PLUS SURE *ne tardera pas à* RÉDUIRE EN POUDRE *toutes ses argumentations* (4).

---

(1) Défenseur, 1820, tome 2, page 385.
(2)   *Ib.*   *Ib.*   *Ib.*   *Ib.*
(3)   *Ib.*   *Ib.*   *Ib.*   *Ib.*
(4)   *Ib.*   *Ib.*   *Ib.*   *Ib.*.

On conviendra que nous n'avons pas eu tort de trouver, dans notre Examen, les tomes I et II de M. l'abbé de La Mennais d'une profonde obscurité, puisque ses meilleurs amis *n'y comprennent pas un mot...* Mais continuons l'exploration de cette amusante polémique entre des gens qu'on peut appeler des *têtes sous le même bonnet.*

Page 476 du même volume du Défenseur, M. L........ est encore plus maltraité; on y prétend que *ses politesses valent ses raisonnements* (ligne 10); et que *son premier article manque de sens* (ligne 33); qu'*il n'a donné aucun signe d'intelligence* (page 477, ligne 12); que *dans son second article il a* TÉMOIGNÉ AVOIR ENCORE MOINS COMPRIS *la question que dans le premier* (ib., lig. 25); qu'*il ignore si c'est pour lui appliquer la peine du talion qu'il a écrit lui-même avec une si grande obscurité* (ib., ligne 27); et que *dans ce cas son triomphe est complet, car il n'a pas compris un seul mot de tout son article* (ib., ligne 33); que, *sensible comme M. L........ paraît l'être à la critique, quoiqu'il ne l'épargne point aux autres, il doit cesser d'écrire sur les matières philosophiques, attendu qu'il y a* CERTITUDE ABSOLUE *qu'elles ne sont point de sa compétence; qu'il cesse d'être tranchant, etc., etc.* (page 478, ligne 2 à 11).

Ensuite de ce passage se trouve une lettre, probablement supposée, comme cela se pratique dans les journaux, où M. L....... est encore accusé du crime horrible *de ne pas comprendre.*

Mais tout cela n'est rien à côté d'un autre article du même volume du Défenseur, intitulé : *Un dernier mot à M. L......* Là, on lui dit tout franchement que *ses arguments ne sont au fond que des jeux de mots,* ET LES PLUS MISÉRABLES *qu'on ait jamais employés dans une discussion philosophique* (page 575, ligne 4); *que l'on regrette que tant d'adversaires, qui attaquent M. l'abbé de La Mennais* AVEC UNE SORTE D'ANIMOSITÉ, *qui le condamnent* AVEC HAUTEUR, *aient abandonné* A D'AUSSI FAIBLES MAINS *que celles de M. L........ le soin de le combattre; qu'il est déplorable* D'ÊTRE RÉDUIT A PRENDRE LA PLUME *pour mettre dans leur plus beau jour les* ABSURDITÉS *dont M. L........ a rempli cinq ou six colonnes d'un journal,* etc., (ib., ligne 16 et suivantes).

On conviendra que cette polémique est curieuse au plus haut degré.

M. l'abbé de La Mennais, ainsi que ses collègues du Défenseur, qui appelaient si haut des adversaires plus redoutables que M. L........, furent complétement paralysés quand notre *Examen critique* parut; ils ne nous traitèrent ni comme leurs amis, ni comme leurs ennemis, et ils eurent parfaitement raison, car nous ne faisions partie ni des uns ni des autres; nous avions écrit dans notre cabinet sans aucune influence étrangère, et sous la seule inspiration de notre esprit.

Mais M. L........, qui se repentait de la maladresse qu'il avait commise d'écrire contre M. l'abbé de La Mennais, contre cette tête qui se trouvait sous le même bonnet que la sienne, profita de cette occasion pour se raccommoder avec lui et les siens.

Pour ce faire, il publia contre nous un article que nous ne qualifierons pas, et auquel nous ne répondrons pas, parcequ'il ne nous convient point du tout de descendre où il a jugé à propos de se placer; et cet article réussit à merveille pour faire oublier les amabilités que ces messieurs s'étaient échangées avec tant de grace et un ton si distingué, comme on vient de le voir; ce dont nous nous félicitâmes, car nous avons toujours aimé la concorde entre les gens qui se ressemblent.

Le plus profond silence de la part de ces messieurs a été depuis gardé au sujet de notre livre, quoiqu'il nous ait valu l'honneur de leur haine et de certaines persécutions bien mal propres, fort au-dessus desquelles notre caractère et notre prudence nous ont heureusement placé.

Notre *Examen critique* n'en fut pas moins un coup de foudre qui renversa le pygmée des échasses fragiles sur lesquelles il s'était perché pour paraître un géant. Peu de temps après sa publication, le libraire de M. l'abbé de La Mennais s'aperçut que les acheteurs de l'*Essai sur l'Indifférence* étaient bien loin de se présenter en foule; et *oncques* depuis il n'en est venu beaucoup, que nous sachions.

Nous ne pensions donc plus à l'*Essai sur l'Indifférence en matière de religion*, lorsqu'on nous a appris qu'on avait le courage d'en imprimer les tomes III et IV aux risques, périls, et fortune d'un nouveau libraire, qui ne tardera pas à s'apercevoir que cette spéculation est bien moins lucrative qu'il ne l'a sans doute cru en l'entreprenant; nous nous les sommes procurés et nous en allons faire l'examen pour compléter notre premier travail.

CHAPITRE II.

Comment cet écrit sera fait.—Première annonce et première frayeur.—Deux cents pages de gagnées.—Joie, surprise, ravissement.—Les tomes III et IV réduits à ce qu'ils sont.—Méthode de fabrication économique pour l'esprit.—Citations, notes et guillemets.—Soudure ou traits-d'union.—Latin, grec et hébreu.—Luxe d'érudition.—Latin de cuisine.—Ce qu'un écolier peut faire.—Entreprise de librairie.—Comment se fabriquent les compilations.—Perte considérable que M. l'abbé de La Mennais auroit éprouvée s'il avait ainsi manufacturé la sienne.—Moyens qu'il a dû employer.—Ce dont le public est menacé.

On a vu dans le chapitre qui précède que nous ne sommes ni l'ami ni l'ennemi de M. l'abbé de La Mennais; et en effet, il vient une époque de la vie où l'on ne fait des hommes que le cas qu'ils méritent qu'on en fasse, en général, et où l'on n'en trouve qu'un nombre infiniment petit qui vaille la peine d'inspirer un sentiment quelconque. Nous sommes arrivé à ce point, car il y a déja de longues années que l'expérience, avec sa main de fer, nous a vieilli beaucoup plus que le temps. Notre examen sera donc indépendant, sans passion, comme sans faiblesse.

La première annonce des tomes III et IV de l'*Essai sur l'Indifférence* dans un journal dont M. l'abbé de La Mennais est le principal rédacteur (*le Drapeau blanc*) promettait deux volumes de cinq à six cents pages chacun. Nous avouerons que cette annonce nous fit frémir, et quand les volumes furent mis sur notre bureau, une sueur froide nous saisit en pensant combien une lecture pareille serait laborieuse pour nous.

Revenu de notre premier effroi, nous avons vite regardé le numéro de la dernière page de chaque volume, et nous avons eu la satisfaction de voir qu'au lieu d'environ douze cents pages, dont nous avions été menacé, il n'y en avait réellement que mille ; conséquemment deux cents de gagnées.

Cette petite découverte nous a un peu encouragé, et nous nous sommes hasardé d'ouvrir ces deux volumes avec plus de hardiesse, ainsi qu'un voyageur qui, menacé d'abord d'une très longue course, la fait avec moins de découragement dès qu'il s'aperçoit qu'on l'a lui a exagérée.

Mais quelle a été notre joie, lorsqu'en feuilletant ces deux énormes volumes, nous nous sommes aperçu qu'ils ne contiennent peut-être pas cent pages de M. l'abbé de La Mennais; et que tout se compose de citations enfermées dans des guillemets, ou placées dans des notes quelquefois en latin ou en grec, et ensuite traduites en français, de sorte que les mêmes citations se trouvent alors doubles en haut et en bas des pages, et plutôt deux et trois fois qu'une!..... Oh! pour le coup, nous allions de surprise en surprise, de ravissement en ravissement; et *comme jamais rien de semblable ne s'est vu, n'aurait pu même s'imaginer* (1), qu'on juge du soulagement, du plaisir, du bonheur que nous avons ressenti, lorsque nous avons été certain qu'au lieu de pâlir et dormir pendant plusieurs jours sur ces énormes volumes, quelques heures suffisaient pour lire ce qu'ils contenaient de M. l'abbé de La Mennais.

Tel le rapide coursier, menacé d'un lourd

---

(1) C'est une des locutions favorites de M. l'abbé de La Mennais.

fardeau, bondit de joie en recevant une charge legère.

Ainsi, quoique l'auteur de l'Essai sur l'Indifférence ait enfanté deux jumeaux, au lieu de donner un seul frère à ses aînés, il y a encore moins mis du sien que dans les autres.

Nous n'avons donc pas eu tort de dire que M. l'abbé de La Mennais avait jeté tout son feu dans son premier volume, puisque le second est moitié plus petit, et que les troisième et quatrième réunis, et réduits à ce qu'il y a écrit sont moitié moins gros que le second.

Cette méthode de fabriquer des livres ne laisse pas que d'être d'une grande commodité ; c'est une nouvelle invention pour laquelle M. l'abbé de La Mennais mérite d'obtenir encore un brevet du ministère de l'intérieur (1) ; c'est travailler à la mécanique et économiser considérablement le temps ainsi que la peine.

Presque tout le travail que l'auteur de l'Essai sur l'Indifférence a pris la peine de faire pour établir ses troisième et quatrième volumes se réduit à ceci :

2 lignes citées, et enfermées dans des guil-

---

(1) Voyez notre Examen des tomes I et II, page 139.

lemets, donnant matière à une note de citation qui remplit le reste de la page.

4 lignes de lui, appuyées de 2 lignes de citation, et le reste de la page en notes citées.

Quelques lignes encore, parmi lesquelles se trouvent d'autres citations qui en motivent de suivantes en notes, pour remplir les pages.

Quelques lignes ensuite pour garnir encore de notes les pages qu'on trouve après, et voilà un chapitre complet!

Tous ses chapitres sont manufacturés de la même manière; ce n'est que par miracle et à-peu-près une fois sur cent, qu'on trouve une page sans guillemets et sans notes; retenez bien que ces notes sont aussi bien des citations que le texte orné de guillemets, et vous aurez une idée de la facilité que l'auteur a eue pour remplir ses mille pages.

Si l'on ne trouve guère qu'une page sur cent qui soit pure de citations, en revanche on en trouve au moins cinquante sur cent qui ne sont remplies uniquement que de cela; et le reste en est tellement entremêlé, que c'est tout au plus si l'on y trouve quatre lignes, par page, de M. l'abbé de La Mennais.

Et ces quelques lignes éparses, que disent-elles?.... mais à-peu-près ce qui suit.

Écoutons celui-ci.

On m'objectera peut-être qu'il peut se tromper? écoutons celui-là.

Croit-on que ce soient là les seuls? voyons ce que dit cet autre......

Et ainsi de suite.

Après ces petites phrases, qu'on pourrait appeler des *soudures*, ou des *traits-d'union*, M. l'abbé de La Mennais compose plusieurs pages de son texte avec les citations de chacun de ces innombrables auteurs dont les noms seuls réunis rempliraient au moins cinquante pages d'un de ses livres; et quand ces auteurs ont écrit en latin, ce qui arrive presque toujours, ou en grec, ce qui arrive fort souvent, ou en anglais, ce qui arrive quelquefois, etc., il a soin de citer la traduction française en tête des pages, et de mettre le texte original en notes : il ne veut pas même priver le lecteur du texte hébreu dans ses caractères particuliers..... On n'est étonné que d'une seule chose, c'est de ne pas y voir aussi des caractères hiéroglyphiques, qui sont tout aussi bien familiers à presque tous les lecteurs, que les caractères hébreux et même que les caractères grecs.

Quelle étonnante, quelle admirable, quelle fastueuse érudition !..... que de langues M. l'abbé de La Mennais connaît !.... s'écriera-t-on peut-être ; nous ne voulons ni ne pouvons le contester : il sait le latin *autant qu'homme de France*, quoiqu'il ait traduit *panem et circenses* d'une si plaisante manière (1) ; nous croyons aussi qu'il sait le grec, et même l'hébreu, mais de fraîche date probablement ; car nous supposons qu'il en aurait fait présent à ses lecteurs dans ses deux précédents volumes, s'il les savait depuis long-temps ; cependant il peut avoir alors trouvé que c'était bien assez d'être aussi clair, dans son français, pour ses lecteurs, que s'il leur avait donné du grec et de l'hébreu.

Mais ce luxe d'érudition n'est quelquefois qu'une misère véritable, il est même dédaigné presque toujours par les hommes les plus éclairés ; lorsqu'on cite on n'est jamais cité, et ce superbe étalage de langues mortes se trouve parodié d'une manière fort plaisante dans pres-

---

(1) Voyez notre Examen critique des tomes I et II, page 98.

que tous les villages par d'honnêtes cabaretiers, qui prennent pour enseigne un magnifique soleil d'or sous lequel ils ont soin de faire inscrire en latin de cuisine : *Le soleil luit pour tous*, quoique ces braves gens traduisent la plupart du temps cette inscription d'une façon tout aussi bizarre que M. l'abbé de La Mennais a traduit *humanitas* ainsi que *panem et circenses*.

Au point d'ailleurs où l'imprimerie a porté les connaissances humaines en multipliant les livres de toutes les langues et leurs traductions, il n'est pas un seul écolier qui ne soit capable de prendre çà et là des fragments de traduction de toutes les langues mortes et de toutes les langues étrangères, pour les encadrer dans un livre, en y ajoutant le texte original dans ses caractères particuliers, qu'ils soient grecs, hébreux, ou chinois ; de sorte, qu'à moins d'écrire sur ces langues, il est préférable de ne pas les jeter à la tête des neuf cent quatre-vingt-dix-neuf millièmes des lecteurs, qui les comprennent encore moins que le français de M. l'abbé de La Mennais.

Malheureusement, si l'auteur de l'Essai sur l'Indifférence en matière de religion s'était imposé cette réserve, il n'aurait jamais pu parvenir à publier ses 3e et 4e volumes, ainsi que nous venons de le démontrer.

Alors, dira-t-on peut-être, pourquoi les publier? ceux qui voudront lire du latin, du grec ou de l'hébreu, sauront bien trouver les livres que M. l'abbé de la Mennais dépèce. Il n'y a nul doute que cela ne soit parfaitement vrai; mais, de tous les temps, on a fait de ces entreprises de librairie, connues sous le nom de *compilations;* c'est une de ces entreprises que l'auteur de l'Essai sur l'Indifférence en matière de religion vient de faire, et les honnêtes cabaretiers de village nous rappellent trop fréquemment, comme on vient de le voir, que *le soleil luit pour tous,* pour trouver mauvais que M. l'abbé de La Mennais augmente ses revenus par des entreprises de librairie.

Les compilations se font ordinairement, comme on sait, avec une grande paire de ciseaux; on découpe des passages dans plusieurs livres, on les colle sur des bandes de papier, on les lie ensemble par quelques phrases pareilles à celles qui ont servi de *soudure* à M. l'abbé de La Mennais; on les fait imprimer sous un titre quelconque, et on les vend au bon public qui, les trois quarts du temps, s'attend à toute autre chose.

Ces entreprises rapportent de très grands bénéfices à ceux qui s'y livrent; mais si l'auteur de l'Essai sur l'Indifférence avait ainsi manufacturé ses 3e et 4e volumes, il y perdrait mille fois plus que les autres ne gagnent ordinairement.

Ce n'est ni deux ni quatre livres qu'il aurait ainsi découpés, mais bien une bibliothéque tout entière, et conséquemment ce qu'il lui en aurait coûté pour bâtir ses deux derniers volumes aurait dépassé, autant que la montagne la plus haute dépasse le sol qui la porte, le produit probable de son entreprise.

Il faut donc que M. l'abbé de La Mennais ait eu un régiment de scribes pour copier ses innombrables matériaux, et il n'est pas même prouvé, quelque économie qu'il ait mise à payer leurs journées, que son entreprise l'en dédommage.

Il faut cependant qu'il compte beaucoup

sur le produit de ce commerce; car d'abord son ouvrage ne devait avoir que deux volumes; ensuite il devait n'en avoir que trois, et maintenant il nous annonce qu'il en aura cinq.

À la manière dont il s'y est pris pour manufacturer ses 3e et 4e volumes, il lui sera très facile d'aller toujours en augmentant et de nous donner une encyclopédie sans fin.

CHAPITRE III.

Comment M. l'abbé de La Mennais a profité de notre examen de ses tomes I et II. — Miracles sur miracles. — Plus de putréfaction, etc. — Pas un cadavre. — Presque plus de politique. — Il loue J.-J. Rousseau. — Sermons de M. l'abbé de La Mennais. — Nouveaux conseils. — Comment on doit intituler les livres faits avec des ciseaux. — Comment on doit faire une bonne compilation. — Ce qu'on croit trouver dans l'Essai sur l'Indifférence en matière de religion. — Comment il convient de prêcher. — Nécessité de la concision et de la clarté. — Qu'il vaut mieux faire plusieurs ouvrages qu'un seul ouvrage trop long. — Convenances à observer. — Comment on est respectable.

Quoique les têtes placées sous le même bonnet que celle de M. l'abbé de La Mennais aient prétendu que nous étions son ennemi, son détracteur ; quoiqu'ils nous aient traité avec la modération, l'urbanité, la politesse qu'ils nous accusent de n'avoir pas, d'envieux, de libelliste, de pamphletaire, de.....

> Ma plume, ici traçant ces mots par alphabet,
> Pourrait d'un nouveau tome augmenter Richelet.

Il n'en est pas moins vrai que nous sommes le seul qui lui ayons rendu de véritables services d'amis; il a répondu et fait repondre à M. Bellugou, à M. Jondot, à M. A., du journal des Débats, à M. L........ de la Quotidienne, des articles *foudroyants*, comme il les appelle, et n'a rien changé du tout de ce qu'ils blâmaient dans son ouvrage; mais plus docile pour notre critique à laquelle il était un peu embarrassant de répliquer, il a eu le bon esprit d'en profiter; nous lui en faisons notre compliment: c'était le meilleur parti qu'il lui fût possible de prendre; et, s'il n'est pas ingrat, il doit être pour nous d'une immense reconnaissance.

En effet, au lieu de nous renfermer dans des discussions théologiques, comme ces messieurs le firent, nous signalâmes un certain nombre d'erreurs monstrueusement ridicules; nous lui fîmes sentir qu'il était souverainement déplacé de ne parler presque que de politique dans un livre destiné à combattre l'indifférence en matière de religion, et nous lui fîmes apercevoir combien peu il y avait de goût à remplir toutes ses phrases de *putréfaction*, de *mort*, de *néant*, et sur-tout de *cadavres*.

Qu'est-il résulté de cela? que M. l'abbé de La Mennais, ayant compris que nous avions raison, s'est corrigé presque complètement..... Et qu'on dise, après ce changement extraordinaire, qu'il n'arrive plus de miracles !

Ce n'est plus qu'avec beaucoup de peine et des yeux de lynx, qu'on rencontre encore quelquefois la *mort* et le *néant* dans les tomes III et IV de l'Essai sur l'Indifférence; et c'est bien inutilement que le nez le plus subtil y chercherait un peu de *putréfaction*, d'*infection*, de *corruption*, de *pourriture*, etc.... : et l'on sait combien ses tomes I et II en sont remplis !

Mais ce n'est pas encore là le plus surprenant et la seule obligation que M. l'abbé de La Mennais nous doive; on se souvient de ces énormes *cadavres* qu'on a vus à chaque page de ses tomes I et II, et que nous avons signalés dans notre premier examen !.... hé bien, ô miracle incompréhensible ! ô miracle inouï !....

dans ses tomes III et IV, on aura beau en chercher, on n'en trouvera pas un, même de la plus petite taille !

Les bons effets de notre critique ne se sont pas bornés au style de M. l'abbé de La Mennais, ils se font aussi sentir sur le fond de son travail où les diatribes prétendues politiques qui y pullulaient sont devenues on ne peut pas plus rares. A la vérité, il s'en dédommage dans le journal qu'il rédige (le Drapeau Blanc) en s'y escrimant chaque jour avec une fureur sans égale.

Enfin, pour compléter la conversion de l'auteur de l'Essai sur l'Indifférence, les sciences et la philosophie, les savants et les philosophes, ainsi que Jean-Jacques Rousseau, ne sont presque plus l'objet de ses calomnies et de ses injures.... Mais que disons-nous ? ô miracle mille et mille fois plus extraordinaire encore ! le croira-t-on ? Jean-Jacques Rousseau est même admiré par lui et cité avec éloge de temps en temps..... oh pour le coup, nous ne nous serions jamais attendu à opérer une pareille métamorphose !

M. l'abbé de La Mennais, dans ses tomes III

et IV, s'est donc presque renfermé dans les devoirs de son ministère ; il a fait autant de sermons qu'il y a de chapitres, et en cela on ne peut le blâmer ; reste à savoir à quel rang ces sermons méritent d'être placés, comme pièces d'éloquence, comme raisonnements, comme répondant aux titres qu'ils portent.

Sous le rapport de l'éloquence, attendu qu'ils se composent presque entièrement de citations, il y a bien peu de chose à dire ; il serait cependant injuste de ne pas convenir que le petit nombre de pages qu'il y a mélées par-ci par-là ne soient moins déraisonnablement écrites en général que ses tomes I et II : *à force de forger on devient forgeron*, surtout lorsqu'on profite des bons conseils.

Sous le rapport des raisonnements, il y a beaucoup plus à reprendre : sa dialectique est trop embarrassée, trop obscure, trop faible ; et cela dépend peut-être de ce qu'il ne se rend pas assez compte à lui-même du but qu'il se propose d'atteindre, ou qu'il n'ose pas assez le faire comprendre à ses lecteurs.

Sous le rapport de répondre aux titres qu'ils portent, il y a bien plus encore à critiquer, car ces deux volumes ne traitent nullement de l'indifférence en matière de religion ; chaque chapitre traite divers sujets de théologie, et forme un sermon particulier qui n'a point de liaison avec les autres.

Puisque M. L'abbé de La Mennais a suivi nos premiers conseils autant qu'il a été en son pouvoir de le faire, nous allons lui en donner d'autres qui ne lui seront pas moins utiles, s'il a le bon esprit d'en profiter ; et c'est alors qu'il pourra dire : *Il importe peu qu'on critique ou qu'on approuve la méthode que nous avons adoptée;* comme il le dit dans son tome III page vj. Jusque-là, les critiques qu'on fera de ses écrits seront fondées et raisonnables ; et il *importe* beaucoup pour un écrivain, quel qu'il soit, quoi qu'il veuille bien en dire, de ne pas donner prise à des critiques de ce genre pour des ouvrages sérieux.

D'abord, lorsqu'il voudra publier des compilations historiques sur les religions anciennes et modernes de tous les pays, comme il le fait dans ses tomes III et IV, il fera mieux d'intituler son travail : *Notes* ou *Matériaux historiques sur les croyances religieuses de tous les lieux et de tous les temps*, le public saura à quoi s'en tenir, et ne s'attendra pas à autre chose qu'à ce qui lui aura été promis par le titre de l'ouvrage.

Ensuite, lorsqu'il se proposera de composer un précis, ou une revue historique de ce genre, il s'enfoncera dans son cabinet, se saturera de tous ses matériaux, les digèrera dans son esprit, se tracera un plan régulier et bien ordonné, les y classera avec méthode, et les exprimera avec des formes à lui, le mieux et le plus clairement qu'il pourra.

Dans le premier cas, il se bornera à coudre des fragments les uns après les autres, comme il l'a fait dans ses tomes III et IV, c'est-à-dire à l'occupation la plus facile à laquelle les yeux et les mains puissent se livrer ; dans le second cas, il rédigera une compilation véritable qui sera digne de plus ou moins d'estime selon le plus ou moins de talent qu'il y deploiera.

Le lecteur, qui trouve un ouvrage portant le titre d'*Essai sur l'Indifférence en matière de religion*, s'attend à un traité méthodique où cette question est envisagée sous toutes ses faces ; c'était l'idée que nous en avions, et probablement beaucoup d'autres l'auront eue comme nous; nous pensions que l'auteur y exposait le danger moral et politique de cette indifférence, dépeignait et déplorait les malheurs qu'elle entraînait à sa suite pour les particuliers et pour la société; y opposait le bonheur, la félicité des hommes religieux; exhortait avec éloquence et douceur les peuples à puiser les consolations de leurs infortunes dans l'espérance d'une autre vie, et dans les bras d'un Dieu protecteur.

Ou nous sommes complétement dans l'erreur, ou c'était ainsi qu'il fallait traiter ce sujet; une éloquence simple, noble, majestueuse, devait s'y faire remarquer; une immense philanthropie y était indispensable, une tendre persuasion y était rigoureusement nécessaire; et tout ce qui pouvait ressembler à l'intolérance ou à la contrainte devait en être sévèrement banni; car la force irrite, tandis que la douceur persuade; et il faut faire aimer ce qu'on veut faire suivre, et non le faire redouter, attendu que l'amour attache, et la fureur éloigne.

Tous les prédicateurs, et M. l'abbé de La Mennais plus qu'aucun autre, devraient se bien pénétrer de ces importantes vérités : ce n'est ni de la poésie, ni de la déclamation, ni de la satire qu'il faut faire entendre en chaire, mais l'amour du prochain, une saine morale, et des expressions d'une noble simplicité.

A la vérité, cette thèse ainsi soutenue aurait difficilement rempli plus d'un volume, et aurait peut-être mieux valu renfermée dans un ou deux sermons ; mais quelle nécessité y a-t-il de noyer un sujet dans de nombreux volumes ? plus on le croit utile, plus au contraire on doit être concis, et plus on doit élaguer ce qui y est étranger, ou même ce qui n'y est pas de première nécessité, afin d'être mieux à la portée du plus grand nombre d'auditeurs et de lecteurs.

Tout système qui s'éloigne de ce qui vient d'être posé est plus nuisible qu'utile à la cause qu'on veut servir ; la vérité est une, et tout système qui ne la rend pas palpable et séduisante à tous les esprits est un système défectueux.

Si M. l'abbé de La Mennais trouvait dans ses intérêts de publier des volumes, il pouvait aussi bien traiter plusieurs sujets, et il valait beaucoup mieux prendre cette détermination pour arriver sans plus de peine, et avec beaucoup plus de bénéfices, au même nombre de tomes.

Il s'est donc trompé, ce nous semble, en préférant la marche qu'il a suivie, et sur-tout en s'éloignant de son sujet pour calomnier la mémoire des grands hommes du siècle dernier, et pour insulter plusieurs contemporains célèbres.

La haine ou plutôt les emportements démesurés qu'il se permet contre les sciences et la philosophie ne lui feront pas un partisan, pas un ami raisonnable, et lui attireront des ennemis et des détracteurs.

On trouvera une immense différence entre son ton tranchant, son appel à la force pour contraindre les hommes à y voir comme lui, et la modestie, l'amour de la vérité, le desir d'être utile au genre humain, qui se font remarquer dans tous les écrits des philosophes qu'il dénigre, et particulièrement de celui après lequel il s'est le plus acharné, le grand, l'immortel Jean-Jacques Rousseau.

De pareils hommes ne sont pas cependant

infaillibles, ils peuvent se tromper quelquefois, quoique bien plus rarement que les autres; mais on voit que c'est l'amour du bien qui dirige toutes leurs recherches, et lorsqu'on n'est pas de leur avis et qu'on croit y mieux voir qu'eux, il convient de s'exprimer avec douceur, avec modération, et non avec ce degré de morgue et de fureur qui ne peut être tolérable même envers les hommes des classes les moins cultivées de la société.

Les amis de M. l'abbé de La Mennais, tout en se permettant ainsi que lui les critiques les plus violentes, trouvent toutes celles qu'on fait de ses volumes, grossières, impertinentes, injustes, et prétendent qu'un prêtre aussi respectable qu'ils le trouvent doit imposer silence à tous les censeurs.

Qu'ils sachent et fassent leur profit de cette vérité, que tous les hommes qui ne font du tort à personne sont respectables; qu'on doit d'abord se respecter et respecter l'opinion publique lorsqu'on veut être respecté soi-même ar les autres; qu'il n'est personne de plus respectable que ceux qui prêchent l'humanité, la tolérance, la justice; et de plus méprisable et repoussant que ceux qui veulent l'intolérance, les tortures, et qui appellent à grands cris toute sorte de malheurs et toute sorte de persécutions sur leurs semblables.

CHAPITRE IV.

Comment il fallait combattre l'indifférence. — Ouvrage qu'on pouvait publier ensuite. — L'obscurité. — M. L..... et M. A..... — Le témoignage universel. — Les premiers chrétiens. — Effets de l'obéissance passive. — Les systèmes de philosophie. — Des facultés intellectuelles.

Après les considérations générales qui précèdent, nous devons aborder, autant qu'il est possible et permis de le faire, les détails des tomes III et IV de l'Essai sur l'Indifférence en matière de religion, et nous allons conséquemment nous en occuper.

Dans les deux premiers chapitres de son tome III, page 1 à 40, M. l'abbé de La Mennais s'est proposé d'établir que *la vraie religion est nécessairement révélée de Dieu, et que le christianisme est la seule religion révélée de Dieu.* C'est là ce qu'il appelle ses *première et seconde conséquences du principe de l'autorité.*

On voit déjà qu'il ne s'agit pas du tout de *l'Indifférence en matière de religion* dans ces deux chapitres.

4

Mais, dira peut-être M. l'abbé de La Mennais, pour établir qu'on ne doit pas être indifférent en cette matière, il faut bien prouver que la religion catholique est divine! sans cela mes titres ne seraient pas assez forts pour convaincre mes lecteurs.

Nous ne croyons pas cette preuve utile dans un traité qui devait être purement philosophique et général. Il fallait prouver uniquement que *l'Indifférence en matière de religion* nuisait au bonheur et à la prospérité des individus et de la société, et ce, abstraction faite de toute croyance ; et une fois qu'avec les seules armes de la philanthropie et de la douceur, sans injurier, sans calomnier, sans mépriser, sans irriter personne, on serait parvenu à convaincre les hommes de toutes les croyances qu'il est de leur intérêt de ne point être indifférent en cette matière, le but était atteint, l'ouvrage était fini.

Il n'y a pas même l'ombre du doute, et M. l'abbé de La Mennais, s'il ne veut pas nous en croire, peut, en faisant abnégation de sa manière de voir, consulter là-dessus les hommes les plus éclairés du monde. Il n'y a pas même l'ombre du doute que c'était là le seul, le véritable moyen de réussir à atteindre ce but, par cequ'en ne choquant aucune manière de voir particulière, et en dissertant avec philanthropie sur ce qui peut le mieux faire trouver le heur à l'homme, il se serait attaché tous les individus, et il aurait alors fallu être bien peu adroit, bien peu habile, pour n'en pas convaincre une partie.

Ce serait se faire une idée bien inexacte de la raison humaine que de supposer qu'une saine morale, que des principes de justice réciproque, ne la persuaderaient pas plutôt que des déclamations extravagantes : et quelle est la religion qui, dégagée de ce que la corruption y a ajouté, conseille l'immoralité, l'injustice? M. l'abbé de La Mennais serait bien embarrassé s'il était forcé d'en désigner une; ou, s'il s'y déterminait, on aurait la plus grande facilité à convaincre les hommes raisonnables de tous les pays qu'il est complètement dans l'erreur, et qu'il n'est aucune religion qui ne prescrive pas la vertu, l'équité.

Puisqu'il n'est pas une seule religion dont la base ne repose sur la morale et la justice, il

4.

fallait donc n'en proscrire aucune, et traiter seulement de l'indifférence en cette matière, abstraction faite de toute croyance.

Une fois ce travail général et philosophique terminé, rien n'empêchait M. l'abbé de La Mennais d'en composer et publier un autre dans lequel il aurait prouvé que le christianisme était divin; et si son intention est de faire des prosélytes, il y serait certainement parvenu plus aisément par cette marche que par celle qu'il a adoptée, attendu qu'il aurait d'abord pénétré les esprits de la nécessité d'une religion; bien entendu qu'au lieu d'appeler le fer et le feu à son secours, il ne se serait servi que des armes de la persuasion, qui sont bien plus puissantes, bien plus irrésistibles qu'aucune autre, quoi qu'il en puisse croire, ainsi que les autres têtes qui sont placées sous le même bonnet.

Mais voyons comment il traite son sujet.

Il commence (page 2, tome III) par prier ceux qui le liront, *de n'avoir aucune opinion*, attendu que s'ils avaient une opinion, il ne se sentirait point en état de les convaincre; *Tout paraît obscur,* dit-il, *pour la* RAISON DISPUTEUSE

ET HAUTAINE...... *c'est* DE L'ORGUEIL *que sortent* LES TÉNÈBRES...... *il est le père des doutes désolants et des passions sans nombre qui maîtrisent l'entendement et l'entraînent loin du* SOLEIL DES INTELLIGENCES, *loin de la* SOURCE DE LA VIE.

D'après ce début, on voit que l'auteur de l'Essai sur l'Indifférence n'écrit pas pour ceux qui ont une opinion quelconque; il n'écrit que pour ceux qui n'en ont pas, et conséquemment pour les idiots.

Mais, pour les idiots, il était assez inutile d'écrire tant de gros volumes, car bien certainement, ou ils ne les liront pas, ou, quoi qu'il en dise, ils les comprendront encore moins que *la raison disputeuse et hautaine.*

Ce petit passage pourrait bien valoir quelques nouvelles blessures à M. l'abbé de La Mennais. M. A...., du journal des Débats, et M. L........ de la Quotidienne, qui, de son aveu, n'ont pas compris un mot à son second volume, et qui ont, non pas une *raison*, mais une *déraison*, passablement *disputeuse et hautaine,* pourraient bien trouver mauvais que l'auteur de l'Essai sur l'Indifférence en matière de religion les blâme de nouveau de ne pas avoir compris un seul mot à son tome II (1), et prétende que *c'est de leur orgueil que sont sorties leurs ténèbres*, que c'est ce même orgueil qui a *entraîné leur entendement loin du* SOLEIL DES INTELLIGENCES, *loin de la* SOURCE DE LA VIE.

Comment, pourront-ils dire, vous êtes obscur au point qu'il n'est pas un lecteur qui puisse vous comprendre, pas même nous, qui le desirons de toutes nos forces, qui sommes vos amis les plus ardents; et loin de vous exprimer avec plus de clarté, vous prétendez que *c'est de l'orgueil que sont sorties nos ténèbres !.... nos ténèbres !....* le mot est dur, sur-tout lorsque c'est vous qui êtes obscur, et qui vous appelez, avec votre modestie ordinaire, *le soleil des intelligences;* en vérité permettez-nous de vous répéter une de vos locutions favorites, *jamais rien de semblable ne s'est vu, n'aurait pu même s'imaginer* (2)*!*

M. l'abbé de La Mennais dit, dans la même page, que *Dieu veut que notre foi soit libre;* à la

---

(1) Voyez cet ouvrage, page 20.
(2) Voyez notre Examen des tomes I et II, page 132.

bonne heure! voilà la meilleure voie, le meilleur moyen; mais puisque *Dieu veut que notre foi soit libre,* pourquoi y a-t-il des hommes qui ne le veulent pas, et qui se mettent ainsi dans une violente opposition contre la volonté de Dieu?

Il a créé, ajoute-t-il, *notre esprit, faible par lui-même et fort par la société..... il a fondé la certitude sur la défiance de soi, et notre bonheur tout entier sur une humble obéissance.*

Dans ces dernières phrases, l'auteur en revient à *l'autorité générale* ou *témoignage universel,* c'est-à-dire qu'il n'y a de vrai que ce que la plus grande masse des hommes croit, et qu'il faut absolument faire abnégation de toutes les pensées qu'on peut avoir, pour adopter celles de la multitude, qu'elles vaillent mieux ou non; attendu que *notre esprit est faible par lui-même et fort par la société.*

Nous avons fait voir dans notre examen des tomes I et II (1), combien ce raisonnement était inexact et maladroit; nous y renvoyons le lecteur pour plus de développement, at-

---

(1) Voyez notre Examen des tomes I et II, page 193.

tendu que nous ne voulons pas nous répéter sans cesse, comme M. de La Mennais se répète; nous ne pouvons cependant laisser passer cette répétition, sans rappeler qu'en supposant que ce *témoignage universel* ou cette *autorité générale* soit en faveur de la religion catholique dans un département de la France, il est en faveur de l'église réformée dans un autre département, et que ces variations sont encore bien plus grandes de pays à pays, et surtout d'une partie du monde à une autre partie.

D'un autre côté, si *notre esprit avait été créé faible par lui-même et fort par la société*, jamais aucune amélioration, aucune découverte n'aurait été faite; nous vivrions encore dans la barbarie, et le christianisme ne se serait pas plus établi qu'aucune autre religion.

Les premiers chrétiens bravèrent le *témoignage universel* ou l'*autorité générale*, et s'ils n'avaient pas trouvé leur *esprit plus fort par lui-même que par la société*, ils n'auraient jamais tenté de réussir. On n'a pas encore avancé que le christianisme ait été spontanément reconnu, au premier moment de son origine, par la majorité des habitants qui peuplaient alors les pays où il commença à s'établir, et l'on sait au contraire que ce n'est que peu à peu, et favorisé par le pouvoir, qu'il s'est répandu comme il l'a fait.

Ensuite si *notre certitude était fondée sur la défiance de soi, et notre bonheur tout entier sur une humble obéissance,* il en résulterait que cette *défiance de soi* et cette *humble obéissance* entraîneraient les hommes dans tous les schismes, dans toutes les usurpations, appuyés par la force, et qu'on ne pourrait plus voyager d'un pays à l'autre sans changer de religion.

En vérité, voilà de ces *absurdités*, que M. l'abbé de La Mennais nous pardonne ce mot, puisqu'il se le permet même avec ses meilleurs amis (1), voilà de ces *absurdités* qu'on croirait impossible de voir soutenir par un homme qui a la prétention de servir la religion et le pouvoir, et sur-tout par un homme que ses amis proclament *l'une des lumières de l'Église, un écrivain qui fait honneur à son siècle,* et dont

---

(1) Voyez cet ouvrage, page 22.

on ne peut pas méconnaître l'admirable talent (1).

Voilà comme on écrit l'histoire !.....

La page 3 du même volume roule encore sur le même pivot; il y est dit que *l'on ne rejette les croyances nécessaires qu'en se séparant de tous les peuples,* ce qui conviendrait si M. l'abbé de La Mennais voulait dire tout le contraire de ce qu'il veut dire, et prêchait contre l'indifférence en matière de religion, abstraction faite de toute croyance, c'est-à-dire s'il voulait établir qu'on doit suivre la religion dont on est, dans quelque pays que ce soit, attendu que les croyances sont nécessaires pour porter les hommes à la vertu et à la justice..... Mais il appellerait cela sans doute prêcher pour l'indifférence, tandis qu'il veut prêcher contre. Qu'il choisisse donc d'autres arguments, car celui-ci combat plutôt sa thèse qu'il ne l'appuie.

Cette page se termine par *l'évanouissement des ombres qui obscurcissaient la vérité,* et par une longue note de citations qui remplit de plus toute la page suivante.

Dans sa page 5, il attaque les *systèmes de philosophie adoptés tour-à-tour depuis Aristote, et*

---

(1) Voyez cet ouvrage, page 17.

dont l'influence s'étendit jusque dans les écoles chrétiennes.

Il les accuse d'avoir *jeté les esprits dans le vague,* d'avoir *attribué à la raison de chaque individu les droits de la raison universelle,* etc., etc. Toujours la même argumentation, comme on voit, et il en conclut que *de ce moment l'homme fut infaillible* (c'est sans doute *se crut* qu'il a voulu dire), FUT DIEU, *puisqu'il s'arrogea la plénitude de la souveraineté intellectuelle, et qu'au lieu de dire, comme la religion et le sens commun le lui commandent,* DIEU EST, DONC JE SUIS; *il se plaça* INSOLEMMENT *à la tête de toutes les vérités et de tous les êtres, en disant* : JE SUIS, DONC DIEU EST.

Il serait desirable, lorsqu'on donne au public de gros livres presque uniquement composés de citations, que le peu qu'on y met de soi ne fût pas toujours la même chose.

Ensuite, comment M. l'abbé de La Mennais peut-il se persuader que d'aussi déplorables disputes sur les mots puissent être de quelque utilité pour la religion? Lorsqu'on combat l'indifférence en cette matière, il nous semble qu'on doit éloigner tous les sujets qui ne sont pas essentiels, indispensables; on doit les garder pour le jour où l'on aura réussi à gagner la cause qu'on défend.

Qu'est-ce, d'ailleurs, que cette prétendue éloquence qui, pour exprimer qu'on se servit du raisonnement pour reconnaître Dieu, représente l'homme qui se sert des facultés intellectuelles qu'il a reçues, pour rendre hommage à celui qui les lui a données, comme *s'arrogeant* INSOLEMMENT la faculté qui lui appartient de penser, et qui le proclame, à cause de cette action naturelle et point du tout *insolente*, quoi qu'il en dise afin de rendre sa phrase plus sonore; qui le proclame, disons-nous, comme *étant* ou se croyant *infaillible,* et, ce qui est encore plus fort, comme *étant* ou se croyant *Dieu?*..... C'est bien là de la misère et de l'ineptie, et il est impossible, avec la meilleure volonté du monde, d'y trouver l'ombre du talent et du bon sens.

Qu'importe d'ailleurs, au fond, pour la thèse que M. l'abbé de La Mennais se propose, ou prétend se proposer de soutenir dans son ouvrage, que l'homme croie à l'existence de Dieu avant de croire à son existence particulière, plutôt que de croire en Dieu, après avoir reconnu l'existence qu'il a reçue de Dieu? L'essentiel, c'est qu'il croie en Dieu, n'importe comment, et qu'il ne soit pas indifférent en matière de religion.

Les facultés intellectuelles sont pareilles aux organes physiques ; il faut les faire opérer pour en obtenir un résultat : et si l'on dit à un homme de croire à une vérité sans penser à cette vérité, et sans peser dans son esprit tout ce qui peut la lui faire reconnaître pour une vérité, c'est absolument la même chose que s'il avait besoin de se servir d'une longue vue pour distinguer un objet quelconque; qu'il en eût une dans sa main, et qu'on voulût l'empêcher d'en faire usage, sous le prétexte qu'il n'a pas besoin de voir pour distinguer ce qu'on ne distingue qu'avec une longue vue.

CHAPITRE V.

Définition de la philosophie et des philosophes.—
Ceux qui ont le plus d'orgueil.— La religion naturelle.—De la morale.—Que toutes les religions sont bonnes.—Amphigouri.—Apologie de la religion naturelle par M. l'abbé de La Mennais.

Dans les pages suivantes M. l'abbé de La Mennais se livre à sa première attaque contre la philosophie. Il dit que *les idées les plus simples que tous les peuples ont comprises sont précisément celles qui* CHOQUENT L'ORGUEIL PHILOSOPHIQUE, (page 7).

Si par-tout où l'auteur a placé la *philosophie* et les *philosophes* dans son ouvrage, il avait mis l'incrédulité et les incrédules, ou l'indifférence et les indifférents en matière de religion, c'aurait été plus convenable, et il aurait évité la confusion dans les mots.

La philosophie est l'étude de la sagesse, c'est-à-dire la recherche de ce qui convient le mieux pour le bonheur des hommes en toute chose. C'est un ouvrage philosophique que M. l'abbé de La Mennais a voulu faire ; il a donc essayé de se faire philosophe; plusieurs de ses amis ont aussi la prétention d'être des philosophes ; lui-même a dit que *M. de Bonald, son ami, était l'un des plus grands philosophes qui eût paru en Europe depuis Malebranche* (1). Ainsi pourquoi crier contre une qualification que l'ignorance et la sottise peuvent seules méconnaître ou faire semblant de méconnaître?

L'homme qui se livre aux travaux philosophiques n'est point coupable pour cela; avant qu'on connaisse ses ouvrages, il a des droits à l'estime, à la considération, au respect des hommes, parceque sa qualité leur apprend qu'il consacre ses veilles et ses méditations à leur être utile.

Lorsque ensuite on connaît ses écrits, comme il est de bons et de mauvais philosophes, qu'il en est d'estimables et de méprisables, d'admirables et de ridicules, on le classe dans le rang qu'on croit devoir lui convenir; mais il ne peut être haï et méprisé par la raison seulement qu'il aime, qu'il cultive la philosophie.

---

(1) Voyez notre Examen des tomes I et II, page 186.

Ainsi, nous croyons donner un très bon et très utile conseil à M. l'abbé de La Mennais et à ceux qui lui ressemblent, en les engageant à ne plus tant crier contre la philosophie et à se borner à combattre les propositions et les principes qui leur paraîtront faux et dangereux.

Ils peuvent même être certains qu'en pareil cas, ils se concilieront plutôt les esprits, s'ils s'expriment avec calme, avec simplicité, avec modération, que s'ils surchargent leur style de bouffissures et de grossièretés.

Une chose sur-tout qui paraît bien *choquante*, c'est de voir que ceux qui ont le plus d'*orgueil*, et même de l'*orgueil* le moins fondé, traitent d'*orgueilleux* des hommes simples autant que grands, auxquels on pourrait passer l'*orgueil*, s'ils en avaient, en considération de leur vaste génie, de leur immense savoir. Pourquoi donc, lorsqu'on est si débile et si vain, adresser des injures et des calomnies à ceux qui sont si forts et si modestes? Serait-ce pour avoir l'air d'écrire avec plus de vigueur que les grands maîtres? Ce serait bien le cas alors de s'écrier : *Où donc la vanité se place-t-elle? Sur quel fondement veut-elle s'appuyer?*

M. l'abbé de La Mennais se livre en cet endroit de son ouvrage à combattre la *religion naturelle*: il n'est point permis de le contredire en cela, mais on peut lui soumettre qu'elle pourrait être mieux combattue qu'il ne le fait; et engager quelque autre prédicateur à soutenir cette thèse avec plus d'adresse, s'ils la jugent utile.

Il donne pour seul motif que *cette religion ne reposant que sur le raisonnement individuel* (et nous allons voir bientôt (1) qu'il la fait reposer sur le *raisonnement universel*), *elle ne pourrait être ni certaine, ni obligatoire, et qu'alors on ne pourrait croire vrai ce qui pourrait être faux,* (page 8).

C'est-à-dire que la raison de l'homme étant *faillible*, on n'aurait aucun moyen de s'assurer en toute certitude de ce qui serait réellement vrai, ni de le distinguer de ce qui serait réellement faux.

L'auteur, ainsi que la plupart de ses amis, ont depuis long-temps appris au public qu'il y a un nombre incalculable de manières de déraisonner; mais nous ne sachions pas que per-

---

(1) Voyez page 72 de cet ouvrage.

sonne ait jamais donné des preuves aussi incontestables qu'il y a plusieurs manières de raisonner avec justesse.

L'homme d'un bon sens ordinaire, quelque peu que son esprit ait reçu de culture, s'il est placé en plein midi, pendant que le soleil l'éblouit de son éclatante lumière, saura bien qu'il fait jour; vous aurez beau entasser les sophismes les plus adroits, les plus spécieux, pour le convaincre qu'il fait nuit, il n'aura pas besoin de s'épuiser en grands raisonnements, il pourra se borner à vous objecter qu'il voit le soleil, et même s'il n'a pas la langue assez déliée pour prononcer un mot, il pourra se réduire à vous montrer avec son doigt le soleil.

Nous ne prétendons pas ici défendre ce que M. l'abbé de La Mennais appelle la *religion naturelle*, mais faire voir qu'il ne la combat pas avec adresse.

Quelle obligation morale peut-il résulter d'une DOCTRINE HUMAINE *ou d'une opinion?* dit-il ensuite (page 9).

Mais, sans vouloir combattre les *obligations qui résultent* des doctrines religieuses, il semble qu'*il résulte une obligation morale*, réelle, de ne pas nuire à autrui, de ne pas lui faire ce que nous ne voudrions pas qu'il nous fît ; toutes les lois civiles et criminelles sont basées là-dessus, et il n'est nul doute que ces lois ne soient obligatoires *moralement* toutes les fois qu'elles sont justes, comme on saurait bien les rendre obligatoires physiquement, même lorsqu'elles seraient injustes.

Supposez, ajoute-t-il, *que ce soit un devoir pour chaque homme de regarder comme la vérité ce qui paraît tel à sa raison, et d'agir conformément à ce qu'il pense et ce qu'il sent, il y aura autant de vérités diverses, autant de religions et de morales qu'il y a de têtes* (Ib.).

Pour admettre un tel résultat de la supposition qui l'amène, il faudrait d'abord croire qu'il peut exister en morale non seulement deux vérités diamétralement opposées, mais autant de vérités diamétralement opposées les unes aux autres, qu'il y a de têtes en ce monde, et cette absurdité dépasse toutes celles que nous connaissons du même auteur.

Il suit de là, dit-il, après avoir laborieusement délayé sa supposition, *que toutes les religions sont vraies, ou qu'aucune ne l'est ;* or, soutenir que des religions contraires sont toutes vraies, c'est affirmer qu'elles sont toutes fausses.

Les amis de M. l'abbé de La Mennais lui rendraient un très grand service, s'ils pouvaient, sans trop irriter son amour-propre, lui faire comprendre toute la maladresse, toute l'imprudence, qu'il y a de soulever, d'agiter de pareilles propositions, qui sont pour le moins inutiles à la cause qu'il se propose de plaider.

Sont vraies, n'est pas le mot, non que nous veuillons dire qu'elles ne le soient pas, mais c'est sont *bonnes*, sont *estimables*, qu'il fallait; et il n'y a nul doute que toutes les religions, puisqu'elles sont toutes basées sur la même morale, sur la même justice, car, quoi qu'en veuille bien dire M. l'abbé de La Mennais, la morale n'est qu'une, la justice n'est qu'une, et ni l'une ni l'autre ne peut être comprise que d'une seule façon; il n'y a nul doute qu'on ne puisse soutenir que toutes les religions sont bonnes et utiles; ce serait même, en soutenant cette proposition, incomparablement mieux combattre l'*indifférence en matière de religion* que M. l'abbé de La Mennais ne le fait; et en affirmant cela, on n'affirmerait pas plus qu'elles sont toutes fausses, qu'en affirmant que les meilleurs aliments sont tous bons et profitables, on n'affirme qu'ils sont tous mauvais et nuisibles.

Établissez qu'une religion est préférable à une autre, mais n'en excluez aucune; soyez tolérant en un mot, encore plus pour être utile à votre cause, que par raison, que par humanité; car du jour où vous parviendriez à prouver, comme vous le desirez, que *les religions expirent en s'embrassant* (1), ainsi que vous l'avez émis dans un de vos chapitres, vous trouveriez par-tout une intolérance aussi cruelle que la vôtre; vous ne pourriez plus voyager sans changer de religion autant de fois que vous traverseriez de pays où ce que vous appelez l'*autorité générale* et le *témoignage universel* serait pour un culte différent; et vous rallumeriez les guerres de religion, qui ont été les plus sanglantes, les plus injustes, et les plus déplorables de toutes les guerres.

Encore une fois, faites des prosélytes par la

---

(1) Voyez notre Examen des tomes I et II, page 71.

persuasion et jamais par la violence; et ne rappelez pas ces temps affreux où il fallait adopter une croyance imposée sous peine des plus horribles supplices; toutes les pages de l'histoire vous apprendront, si vous l'ignorez, que celui qui massacre aujourd'hui s'expose à être massacré demain, et qu'il n'y a que ceux qui mènent une vie sans souillures, qui peuvent reposer avec tranquillité.

Après avoir soutenu ce que nous venons de combattre, et avoir affirmé que la tolérance *établit l'indifférence absolue des religions, et ne laisse aux esprits conséquents d'autre refuge que l'athéisme* (page 12), M. l'abbé de La Mennais ajoute encore: *Voilà où les philosophes de toutes les écoles ont été conduits en rêvant un chimérique état de nature, qu'ils se sont efforcés de trouver par-tout où ils ont* CHERCHÉ L'ORIGINE ET LA RAISON DE TOUT, *même de la religion*, MÊME DE LA PENSÉE; *état qui, s'il pouvait exister, ne serait que l'*ISOLEMENT ABSOLU, ou la DESTRUCTION DE L'HOMME MORAL ET INTELLIGENT.

Ainsi l'auteur tire, de ce qu'il a posé, la conséquence que *nulle part il ne peut exister un état* où il se trouve des hommes qui *pensent*

SUR L'INTOLÉRANCE. 71

et qui *raisonnent*, en un mot qui font usage de leur entendement, de leurs facultés intellectuelles; et que s'il pouvait exister un état pareil, cet état ne serait que *l'isolement absolu ou la destruction de l'homme moral et intelligent*: c'est-à-dire que *par-tout où il y aurait un homme moral et intelligent il ne pourrait pas y avoir un homme moral et intelligent;* c'est-à-dire encore que *l'homme ne peut pas être intelligent en étant intelligent.....* C'est en n'étant pas intelligent qu'il peut être intelligent, et, dans ce cas, du jour où en n'étant pas intelligent il sera devenu intelligent, il cessera sans doute aussitôt d'être intelligent par la raison qu'il sera devenu intelligent!....C'est absolument la même chose que si l'on disait il ne fait jour que quand il fait nuit, et dès qu'il fait jour en faisant nuit, il ne fait plus jour jusqu'à ce qu'il fasse nuit!..... Qu'on accorde cela si l'on peut! nous le donnons au plus habile non seulement de nos contemporains de tous les pays, mais encore de toutes les générations qui pourront se succéder jusqu'à la fin des temps !

Dans tout ce qu'on vient de voir l'auteur a l'intention de combattre la pluralité des croyances, et de condamner ce qu'il appelle la *Religion naturelle* et la *Raison;* mais il est si peu heureux dans ses moyens, qu'il finit par faire l'apologie de ce qu'il veut combattre, en donnant de l'extension à ce qu'il appelle *l'autorité générale*, et le *témoignage universel*. Écoutons-le.

Et ils n'ont pas vu (les philosophes) *ou voulu voir ce que les plus sages des anciens avaient reconnu, que l'homme est fait pour la société, hors de laquelle il ne peut vivre; que c'est là sa vraie nature, et que dès-lors on ne doit jamais le considérer seul pour découvrir les lois de son être, le fondement de sa raison, la règle de ses croyances et de ses devoirs*(page 11 et 12). QU'AINSI SANS DOUTE IL EXISTE UNE RELIGION NATURELLE, *ou conforme à la nature de l'homme et de tous les hommes, appropriée à leurs besoins, à leurs familles;* RELIGION DONT LES BASES ESSENTIELLES SE RETROUVENT *par conséquent* CHEZ TOUS LES PEUPLES, *ou dans la société du genre humain, et qui se perpétue par la tradition, comme toutes les connaissances nécessaires* (page 12). *On ne saurait trop faire remarquer cet ordre universel de transmission, en sorte que tout se conserve par* un enseignement extérieur, et que tout commence par une véritable révélation, même la pensée; car elle ne se développe en chacun de nous qu'à l'aide de la parole qui nous révèle ou nous manifeste la raison d'autrui. Et puisque cette loi est notre nature même, toute religion qui y serait opposée serait une religion contraire à la nature, et LA RELIGION NATURELLE EST NÉCESSAIREMENT RÉVÉLÉE (page 13).

Voilà, nous l'espérons, un éloge aussi complet que l'on pouvait le faire de la religion naturelle, contre laquelle M. l'abbé de La Mennais a commencé par s'escrimer de toutes ses forces ! Nous aurions craint de tomber dans une monstrueuse hérésie si nous en avions dit autant.

Puisque les *bases essentielles* de cette religion *se retrouvent chez tous les peuples, ou dans la société du genre humain,* ce qui veut probablement dire *dans toutes les religions,* pourquoi tant crier contre la tolérance ?.... Il serait essentiel, lorsqu'on traite des questions d'un genre aussi élevé, de ne pas tomber dans des contradictions de cette nature.

Si tout l'ouvrage de M. l'abbé de La Mennais

était dans le sens de ce passage, nous serions d'accord, et nous nous serions bien gardé de le critiquer; mais, malheureusement, il paraît qu'il n'est jamais bien certain de ce qu'il veut soutenir, et que sa plume va toute seule sur le papier sans le secours de son esprit ni de son cœur : aussi, lorsque nous le blâmons le plus, c'est à sa plume que nous nous adressons, et non à son esprit qui peut être fort juste, ni à son cœur qui peut être excellent, ce qu'il nous fera sans doute voir quand il lui plaira de forcer sa plume à écrire sous leur dictée.

Nous ne nous attacherons pas à le suivre phrase par phrase et à le réfuter; car nous ferions plus de deux cents volumes sur son ouvrage, et ce serait du temps bien mal employé. Pour nous réduire, nous lui laisserons louer et blâmer alternativement, depuis sa page 13 jusqu'à sa page 25, la religion naturelle; et luï permettrons de finir en paix son premier chapitre, par une de ces locutions qui sont devenues rares dans son livre, quoiqu'elles pullulassent dans ses volumes I et II; savoir : que ceux qui prennent leur *raison individuelle* pour base de leur croyance, *bâtissent, loin de tous les hommes, l'édifice solitaire de leur religion qui ne peut être* qu'un tombeau (page 25).

On voit que nous sommes de bonne composition, et que nous ne disons pas tout ce que nous pourrions dire.

CHAPITRE VI.

De la raison individuelle.—Liberté sans liberté.—Répétitions sans fin.—La plus grande autorité visible.—Apologie de l'idolâtrie.—Satire de l'idolâtrie.—De deux choses l'une.

Au début du chapitre suivant, M. l'abbé de La Mennais exprime encore un axiome que nous approuvons, et voici ce que c'est :

La vérité pénètre avec facilité dans notre esprit qui la reçoit comme l'œil reçoit la lumière, parcequ'elle est conforme à sa nature (page 26).

Alors pourquoi si souvent prétendre tout le contraire? pourquoi sur-tout avoir un style en général si peu facile à pénétrer, et accuser l'honnête M. A...., du journal des Débats, et le bon M. L......., de la Quotidienne, de ne pas comprendre un seul mot à votre tome II? Est-ce que ces excellentissimes critiques seraient dépourvus d'*esprit*, ou votre ouvrage manquerait-il de *vérité* ?.... Choisissez ; car, attendu que votre proposition est juste, ce qui n'arrive pas à toutes vos propositions, il faut absolument qu'une de ces deux choses soit vraie, ou qu'elles soient vraies toutes les deux !

La conséquence qu'il tire de cet axiome n'est pas aussi exacte, à beaucoup près, que celle que nous venons d'en tirer. Il prétend que *l'universalité des traditions primitives et la facilité avec laquelle la vérité pénètre notre esprit, sont une des causes de l'erreur où tombent quelques personnes en pensant que notre raison découvre en elle-même les vérités nécessaires, sans avoir besoin d'être aidée d'aucun enseignement, tant l'homme, aveuglé par son orgueil, est enclin à s'approprier ce qui n'est pas à lui, tant il a de la peine à comprendre cette profonde leçon :* QU'A-VEZ-VOUS QUI NE VOUS AIT PAS ÉTÉ DONNÉ ?

Avant d'aller plus loin, nous ferons encore remarquer l'inutilité de cette discussion : qu'est-ce que cela fait que l'homme croie tenir ses croyances et ses observations de sa propre raison ou de la tradition ? L'important pour la thèse de M. l'abbé de La Mennais, c'est que l'homme ne soit pas indifférent en matière de religion ; du moment qu'il n'est pas indifférent, la difficulté est levée, et il n'est point du tout nécessaire de le convaincre que sa foi lui est venue d'un autre que de son bon sens particulier, que de son jugement, que de sa raison.

Quel désavantage peut-il résulter pour la religion que l'homme ne l'aime pas aveuglément? Qu'il l'aime! c'est le point principal; s'il l'aime parceque *son orgueil* se fait honneur de la conviction que son jugement lui a donnée, il n'aimera que davantage la religion; et nous ne voyons pas pourquoi, dès qu'il remplirait ses devoirs avec amour, avec plaisir, il faudrait blesser *son orgueil,* ou plutôt son amour-propre, et lui persuader qu'il n'aime point sa religion de son propre mouvement, de sa libre volonté, mais bien parcequ'il y est contraint par une raison générale, par une force majeure contre laquelle il ne lui est pas permis de défendre ses inclinations.

M. l'abbé de La Mennais connaît bien peu le cœur humain s'il croit faire des prosélytes par ce moyen! Lorsqu'un homme aime une chose quelconque, parcequ'en l'examinant il s'est convaincu de son mérite réel, et qu'il l'a jugée plus aimable à mesure qu'il y découvrait lui-même de nouvelles qualités dont il ne s'était pas aperçu d'abord, si quelqu'un vient lui dire que ce n'est pas de son propre mouvement qu'il l'a aimée, qu'il a été contraint de l'aimer, et qu'il n'était pas libre de ne pas l'aimer, il n'y a pas l'ombre du doute que cette misérable chicane ne le porte plutôt à lui faire haïr ce qu'il aime, que de le porter à l'aimer davantage.

D'ailleurs, *son amour est à lui*, soit qu'il l'ait trouvé, soit qu'on le lui ait *donné*, quoi qu'en dise M. l'abbé de La Mennais.

L'homme reçoit dans son enfance et dans sa première jeunesse une instruction commune, qui sert plutôt à ouvrir son intelligence, à préparer ses facultés intellectuelles, qu'à former son jugement. Ce n'est que lorsqu'il pense, ce n'est que lorsqu'il fait agir de lui-même toutes ses facultés intellectuelles, qu'il peut se rendre compte des hautes vérités morales et philosophiques; encore est-il forcé pendant long-temps d'éloigner de son esprit les influences dont on l'a embarrassé, et qui entravent trop souvent la justesse de ses opérations.

Il n'est nul doute que, dès qu'il est arrivé à ce point, son jugement ne lui appartienne en toute propriété, et sans en rien devoir à qui que ce soit; il ne lui a pas plus été donné par la rouille des études, que le génie n'a été donné à Homère et à Newton par les hommes qui les ont élevés; et d'ailleurs, encore une fois, en quoi de pareilles discussions peuvent-elles servir la cause de la religion?

Niez ce principe, dit M. l'abbé de La Mennais (page 28),...... *la religion n'est plus qu'une opinion;*..... AUCUNE RAISON N'ÉTANT TENUE D'OBÉIR A UNE RAISON LÉGALE, *chacun demeure autorisé à ne croire que ce qui paraît vrai à son propre esprit.* ON EST LIBRE DE TOUT NIER *et de tout affirmer.* PLUS DE VÉRITÉS, *plus d'erreurs, nulle société, nul ordre entre les intelligences; mais une* EFFROYABLE CONFUSION DE PENSÉES CONTRAIRES (page 29).

Comment peut-il se faire que l'auteur ne se lasse pas de répéter continuellement les mêmes contradictions? A peine lui échappe-t-il malgré lui une proposition qui ait un peu le sens commun, qu'il retombe aussitôt dans ses misères favorites; et, si l'on veut le suivre dans un examen, on est forcé d'opposer continuellement, perpétuellement, sans fin, sans relâche, les mêmes arguments pour combattre les mêmes arguties; de sorte qu'on risque d'ennuyer soi-même les lecteurs qu'on peut avoir, comme il ennuie ceux qu'il a. En vérité, c'est tellement déplorable, qu'on est à chaque moment tenté de quitter la plume!

Il nous a dit, page 2 : *Dieu a voulu que notre foi fût libre;* et il nous dit, page 29, qu'*aucune raison n'étant tenue d'obéir, on est libre de tout nier et de tout affirmer.....* En effet, qu'est-ce qui empêche un fou de nier que la mer soit de l'eau, et d'affirmer qu'elle est de feu? Mais le croira-t-on pour cela?..... *Plus de vérités..... effroyable confusion de pensées contraires!.....* ajoute M. l'abbé de La Mennais pour la cinq cent millième fois. Nous ne le combattrons de nouveau sur ce même sujet, qu'il ramène sans cesse, que lorsqu'il nous aura prouvé que, si un fou soutient que la mer est de feu, au lieu d'être de l'eau, il pourra être cru par un seul marin. Jusque-là nous renverrons le lecteur à ce que nous avons déja dit page 66 de ce volume.

Ainsi, ajoute-t-il, *nous sommes* TOUJOURS RAMENÉS *à cette importante conclusion, que,* POUR DISCERNER LA RELIGION VÉRITABLE, *il faut considérer quelle est* CELLE QUI REPOSE SUR LA PLUS GRANDE AUTORITÉ VISIBLE.

Mais c'est ce que nous venons de dire au lecteur! *Nous sommes toujours ramenés à la même chose!*..... M. l'abbé de La Mennais ne se lasse pas de nous y *ramener!* Il répète, à la page 2, ce qu'il a dit à sa première page; il vous y *ramène* encore à la page 3, pour vous y *ramener* dans les pages 4, 5, 6, 7, jusqu'à mille!...... Et tout ce qu'il répète implique contradiction! C'est comme s'il écrivait *oui et non, non et oui,* dans toutes les pages d'un manuscrit, qu'il fît ensuite gémir la presse, et qu'il vendît un pareil livre au bon public..... Voilà une méthode toute nouvelle, qui mérite encore un brevet d'invention beaucoup mieux que la plupart de ceux qu'on donne; car *jamais rien de semblable ne s'est vu, n'aurait pu même s'imaginer!* (Voyez page 54 de ce volume.)

Quant à *la plus grande autorité visible* sur

laquelle il nous *ramène* encore, nous renverrons le lecteur à notre examen des tomes I et II, page 194. Là, il verra quelle est la certitude de *la plus grande autorité visible*.

Cependant, quelque desir que nous ayons de ne pas nous répéter, nous sommes encore forcé de faire remarquer combien il est maladroit de rappeler sans cesse cette *autorité visible*, que les *peuples voient* chacun d'une manière différente. Lorsqu'on veut prouver l'excellence de la religion, on doit éloigner tout sujet de contestation ; il vaut mieux poser d'abord, en trois mots, qu'il faut croire que celle qu'on professe est la meilleure, sans entrer dans d'autres détails, et s'étendre ensuite sur la beauté de ses principes, la pureté de sa morale ; sans les mettre en parallèle avec les principes et la morale des autres croyances..... Mais nous croyons nous souvenir que M. l'abbé de La Mennais ne veut pas qu'il soit question de morale..... ! (1) En ce cas, il ne sera d'accord qu'avec bien peu de philosophes, et l'on ne doit plus s'étonner qu'il les dénigre tant !

Après ce qu'on vient de voir, l'auteur s'at-

---

(1) Voyez notre Examen des tomes I et II, page 71.

tache à prouver que le christianisme repose sur la plus grande autorité visible.

Pour le temps qui précède Jésus-Christ, dit-il, NOUS AVONS L'AUTORITÉ DU GENRE HUMAIN, *ou le* TÉMOIGNAGE UNANIME DES PEUPLES, *qui tous avaient conservé*, AU MILIEU MÊME DE L'IDOLATRIE, *les traditions primitives;* LA NOTION D'UN DIEU UNIQUE, DU VRAI DIEU; *la croyance de l'immortalité de l'ame, des peines et des récompenses futures, et de la nécessité du culte;* LES PRÉCEPTES DE JUSTICE, *ainsi que beaucoup d'autres vérités appartenantes à la première révélation, et qui n'ignoraient non plus ni l'antique dégradation de l'homme, ni le besoin qu'il avait d'expiation, comme* L'USAGE UNIVERSEL DES SACRIFICES *le prouve invinciblement.*

On voit jusqu'au point où la maladresse de M. l'abbé de La Mennais le fait aller ! Il objectera sans doute que beaucoup d'écrivains parmi lesquels il s'en trouve plusieurs d'un grand mérite, que des saints, des apôtres même, ont soutenu ce qu'il avance; mais aucun écrivain n'est infaillible, quelque grand, quelque habile qu'il soit; et quant aux saints et aux apôtres, ils ont dû avancer dans leurs temps tout ce qu'ils jugeaient utile à la propagation de la foi ; et comme les temps sont fort changés, ce qui était bon alors, ne l'est plus aujourd'hui pour atteindre le même but.

D'un autre côté, *l'autorité du genre humain, ou le témoignage unanime des peuples*, était, avant Jésus-Christ, ce qu'il est aujourd'hui ; c'est-à-dire que plusieurs parties du genre humain, ou plusieurs peuples, avaient une croyance particulière, comme chaque partie distincte du genre humain aujourd'hui a encore une croyance particulière ; et que, si ces parties antérieures et postérieures à Jésus-Christ, même celles qui étaient et celles qui sont *au milieu de l'idolâtrie*, avaient et ont *conservé les traditions primitives, la croyance de l'immortalité de l'ame, des peines et des récompenses futures, et de la nécessité du culte, les préceptes de justice, ainsi que beaucoup d'autres vérités*, etc., et, qui plus est, LA NOTION D'UN DIEU UNIQUE, DU VRAI DIEU, il paraîtrait incontestable, d'après ce que dit M. l'abbé de La Mennais, que toutes les religions seraient bonnes, seraient utiles; et il est inconcevable qu'après cela, il soit d'une si révoltante intolérance!

Mais, ajoute-t-il, *depuis Jésus-Christ, quelle autorité oserait-on comparer à celle de l'église catholique, héritière de toutes les traditions primordiales, de la première révélation et de la révélation mosaïque, de toutes les vérités anciennement connues dont sa doctrine n'est que le développement, et qui, remontant ainsi à l'origine du monde, nous offre dans son autorité toutes les autorités réunies?* (page 31.)

Nous sommes donc encore obligés, malgré nous, de nous répéter!...... Sans vouloir combattre ce que M. de La Mennais émet dans ce passage, nous lui reprocherons encore sa maladresse, et nous lui rappellerons à ce sujet ce que nous avons déja exposé dans l'examen de ses tomes I et II, page 204, que toutes les religions prétendent avoir la même origine et posséder le même héritage; que lui-même, d'ailleurs, dans le passage qui précède celui-ci, vient de leur accorder ou de leur reconnaître et cette origine et cet héritage *pour les temps qui précédèrent Jésus-Christ;* que, conséquemment, puisque plusieurs de ces religions qui existaient antérieurement à Jésus-Christ, existent encore de nos jours, et que plusieurs autres en sont sorties en prétendant aussi à la même origine et au même héritage; c'est une monstrueuse maladresse que de soulever de pareilles discussions.

Fidéle à sa méthode de contradiction perpétuelle, après nous avoir dit ce qu'on vient de voir page 84 de ce volume, il avance que *les religions idolâtriques n'ont ni symbole, ni loi morale qui leur soit propre* (page 33); que *le mahométisme et le protestantisme ne sont que des sectes où jamais l'on n'a pu s'accorder sur la doctrine, où chacun croit ce qu'il veut et rien que ce qu'il veut; qu'il en est ainsi de toutes les prétendues églises qui se sont séparées de l'église catholique* (page 34). Puis il ajoute : *Ces considérations, aussi simples que décisives, suffiraient pour des ames droites; mais dans* CE SIÈCLE DISPUTEUR ET NOURRI DE SOPHISMES, *de plus grands développements sont nécessaires*, etc.

Si M. l'abbé de La Mennais veut soutenir ce passage, il faut qu'il abandonne celui que nous avons examiné page 84; ou, s'il préfère l'autre, il faut qu'il efface celui-ci; car on ne peut pas établir une plus *effroyable confusion de pensées contraires!* et les *ames* les plus *droites*, quelque bonne volonté qu'elles aient, ne sauraient jamais s'en contenter.

De deux choses l'une : ou les religionnaires non catholiques n'ont point *la notion d'un Dieu unique, du vrai Dieu, la croyance de l'immortalité de l'ame, des récompenses et des peines futures, et de la nécessité du culte, les préceptes de justice*, etc. ; ou elles ont une *loi morale*, une *doctrine*, etc. Il est impossible de sortir de là; on ne peut *se nourrir* de *sophismes* dans ce *siècle disputeur* qu'en voulant désunir les vérités qui se tiennent indivisiblement, pour les exclure les unes avec les autres : *oui et oui*, dans aucun pays, ne signifie *oui et non*.

D'un autre côté, comment M. l'abbé de La Mennais peut-il avancer que *les peuples* IDOLATRES *avaient la notion d'un* DIEU UNIQUE, DU VRAI DIEU?..... Comment veut-il que les *ames droites* qualifient cette proposition ? Est-ce une monstrueuse erreur? une horrible hérésie? ou seulement une ineptie gigantesque?..... Qu'il choisisse..... à moins qu'il ne préfère que ce soit les trois qualifications qui lui conviennent en même temps, ce que nous pencherions à croire.

Après avoir fait le tour de force qu'on vient de voir, M. l'abbé de La Mennais ajoute : *La vérité est une : Dieu n'a pu révéler aux hommes des dogmes contraires ni leur donner des lois opposées* (page 35). Pourquoi donc alors l'esprit de l'auteur tombe-t-il dans d'aussi étranges aberrations que celles qui ont été signalées plus haut? Les raisonnements qui viennent après ne sont ni plus adroits, ni plus habiles que ceux qui précèdent; nous lui passerons donc ses cinq pages suivantes afin de permettre au lecteur de respirer un peu, et nous nous occuperons d'autre chose dans notre chapitre VII..... si nous le pouvons, en suivant un écrivain qui, de son aveu, nous *ramène* toujours au même point.

CHAPITRE VII.

Encore l'autorité réelle.—Apologie du peuple juif.—Modération et aménité de M. l'abbé de La Mennais et de ses amis.—Maladie et santé.—Encore un éloge du peuple juif.—Satire et assertions erronées sur les Juifs.

———

Continuellement fidèle à sa maladresse, M. l'abbé de La Mennais, après avoir fait un éloge démesuré de toutes les religions, sans en excepter *l'idolâtrie*, qui, d'après lui, *avait la notion d'un Dieu unique*, et, qui plus est, DU VRAI DIEU ! afin de *prouver et ne pas prouver en même temps*, selon son premier système que nous avons signalé dans l'examen de ses tomes I et II, page 159, veut démontrer que toutes les religions, autres que le christianisme, tant celles qui existaient avant Jésus-Christ et qui se sont perpétuées jusqu'à nous, que celles dont l'origine est moins ancienne, *n'ont jamais possédé d'autorité réelle, et qu'ainsi on a toujours pu en reconnaître aisément la fausseté.*

Nous ne contesterons pas cela ; mais il nous semble que M. l'abbé de La Mennais devrait nous mieux définir ce qu'il entend par *autorité réelle*, ou *autorité générale*, ou *témoignage universel*; car si, ainsi qu'il l'explique dans son livre, *l'autorité réelle*, ou *l'autorité générale*, ou *le témoignage universelle*, n'est autre que la manière de voir, ou l'opinion, ou la croyance la plus généralement répandue chez un peuple, ou même chez plusieurs peuples, ce qu'il avance là ne serait pas exact, ne serait pas croyable, quelque desir qu'on eût d'être de son avis; car il est trop certain, trop évident, trop incontestable, pour tout le monde, qu'avant sur-tout que le christianisme existât, *l'autorité réelle, l'autorité générale, le témoignage universel*, comme M. l'abbé de La Mennais le définit, était nécessairement pour les croyances les plus répandues, ainsi qu'elle ou qu'il l'est encore dans l'Inde, dans la Chine et ailleurs, pour d'autres religions que la religion catholique!

Lorsqu'*en ne prouvant pas il prouve*, l'auteur de l'Essai sur l'Indifférence est quelquefois de cette opinion; mais, à la ligne d'après, il nous dit que depuis Jésus-Christ la religion catholique a dépouillé toutes les religions de *l'autorité réelle, de l'autorité générale, du témoignage universel*, quoiqu'il ait affirmé que *l'idolâtrie avait la notion d'un Dieu unique,* DU VRAI DIEU ; il nous affirme que les religions non catholiques qui *croient* véritablement *à un Dieu unique, à l'immortalité de l'ame, aux peines et aux récompenses futures, à la nécessité du culte, qui ont les préceptes de justice, beaucoup d'autres vérités, et qui n'ignorent pas l'antique dégradation de l'homme* etc. (page 29), *n'ont été et ne sont encore que des cultes idolâtriques* (page 40).

Ainsi, il est évident d'après cette affirmation que les idolâtres qui ont eu et qui ont encore plusieurs dieux, qui sont la plupart du temps des ouvrages de leurs mains, et dans d'autres cas des animaux choisis presque toujours parmi les plus féroces, les plus stupides, ou les plus vils, *auraient,* d'après M. l'abbé de La Mennais, *la notion,* non seulement *d'un Dieu unique,* mais encore *du vrai Dieu,* tandis que les religionnaires non catholiques qui croient à *un Dieu unique, à l'immortalité de l'ame, qui ont les préceptes de justice* etc., etc. ne sont *que des idolâtres* qui ne croient pas en Dieu !

Nous ne voulons tirer aucune conséquence de ces affirmations ; nous ne voulons pas même dire ce qu'elles nous paraissent être; nous ne voulons pas demander si elles ont été écrites dans un hôtel ou dans une Petite-Maison; il est juste que nous n'encourions pas seul les reproches de M. l'abbé de La Mennais de *ne pas comprendre un seul mot à ce qu'il a voulu dire, d'avoir une raison disputeuse et hautaine, d'enfanter des ténèbres avec notre orgueil;* c'est le tour de M. A., du journal des Débats, et de M. L........ de la Quotidienne. Ils n'ont qu'à s'expliquer là-dessus et à qualifier ces assertions, avec l'aménité, l'esprit, le savoir, la politesse, le bon sens, la modération, le goût, la bonne foi, dont ils ont donné tant de preuves en leur vie....!

Voyons donc seulement comment *il paraît convenable* à M. l'abbé de La Mennais *de faire voir que les autres religions* que le christianisme *n'ont jamais possédé* D'AUTORITÉ RÉELLE, *et qu'ainsi on a toujours pu aisément en reconnaître la fausseté* (page 40) quoique L'AUTORITÉ DU GENRE HUMAIN *ou* LE TÉMOIGNAGE UNANIME DES PEUPLES *se soit conservé*, MÊME AU SEIN DE L'IDOLATRIE, *ainsi que la* NOTION D'UN DIEU UNIQUE, DU VRAI DIEU (page 29)!

Dans son chapitre qui vient immédiatement après, et qui traite *de la Loi mosaïque et du peuple juif*, l'auteur détruit complètement son *autorité réelle*, son *autorité générale*, son *témoignage universel*, et voici comme il s'y prend pour réussir.

Il nous dit, *Au moment où l'idolâtrie pénétrait de toutes parts dans le monde, Dieu se choisit un peuple pour conserver le vrai culte* (page 41).

Ce peuple *choisi par Dieu* fut le peuple juif, ajoute M. l'abbé de La Mennais; conséquemment le culte que le peuple juif fut appelé à *conserver* était le *vrai culte*.

Mais le peuple juif n'avait pas *l'autorité réelle, l'autorité générale, le témoignage universel*, puisqu'il ne faisait que de recevoir le *vrai culte* qu'il devait *conserver*, et que d'ailleurs *l'idolâtrie pénétrait de toutes parts*; conséquemment le peuple juif pouvait se passer du *témoignage universel* pour croire qu'il professait *le vrai culte*, et quoique *l'idolâtrie pénétrât de toutes parts* et fût en possession du *témoignage universel*, son culte n'en était pas moins faux et elle *pouvait aisément en reconnaître la fausseté*.

On voit d'après cela que le *témoignage universel* ne serait pas de première nécessité pour prouver l'excellence d'une religion ou d'un culte, et qu'il aurait même pu exister pour une religion, ou un culte, ou une loi, comme M. l'abbé de La Mennais voudra l'appeler, sans pour cela qu'il fût moins *aisé de reconnaître la fausseté* de cette religion, ce culte, ou cette loi.

Ici, nous croyons entendre le poli M. A., du journal des Débats, le modéré M. L........ de la Quotidienne, et jusqu'au douceureux M. S. V., du Défenseur et au sensé M. l'abbé de La Mennais, s'écrier, non avec une sainte fureur, mais avec une bonne foi terrassante et une civilité exquise : *Vous en imposez* LIBELLISTES ! PAMPHLÉTAIRES ! GROSSIER BARBOUILLEUR DE PAPIER ! IMPUDENT FAUSSAIRE ! DÉTESTABLE ÉCRIVASSIER ! C'EST FAUX ! C'EST FAUX ! *c'est un abominable mensonge de soutenir qu'on trouve dans le tome III de l'Essai sur l'Indifférence que le témoignage universel n'appartenait pas au vrai culte. Nous voudrions, pour vous répondre, trouver dans la langue française une expression plus énergique que celle-ci :* VOUS EN AVEZ

MENTI ! *et pour la seconde fois*, VOUS EN AVEZ MENTI ! *c'est aussi pour cela que nous l'empruntons au latin* : MENTIRIS IMPUDENTISSIMÈ ! *vous qui* NE SAVEZ PAS ÉCRIRE, *est-ce que par hasard* VOUS NE SAURIEZ PAS LIRE? (Voyez pag. 19 de ce volume.)

Tout beau ! Messieurs ; trève de tant de politesse, de tant de modération, de tant de douceur ! Apaisez cet aimable zèle qui nous adresse des qualifications si nobles, et des compliments si flatteurs !.... Nous ne sommes pas bien certain de savoir mieux lire que nous ne savons écrire, mais voyez page 43, ligne 10, du tome III, et vous y trouverez ces mots, auxquels nous ne changerons pas plus un point ni une virgule, que nous ne le faisons ordinairement : *Cette loi* (la loi mosaïque) *était si peu la religion proprement dite*, QU'ENTIÈREMENT IGNORÉE DANS LA PLUS GRANDE PARTIE DE LA TERRE, *elle n'obligeait que les Juifs*.

Or, nous ne savons si nous lisons mieux que nous n'écrivons, mais il nous semble que puisqu'elle était *entièrement ignorée dans la plus grande partie de la terre*, elle n'avait pas *le témoignage universel*, et que celle de *l'idolâtrie* au contraire qui *pénétrait de toutes parts*, avait le *témoignage universel* .... Voyons! apprenez-nous à lire! puisque nous sommes bien déterminé à ne pas apprendre à écrire autrement que nous ne le faisons!

M. l'abbé de La Mennais nous dit, page 47, *que dans ce temps-là, on n'avait pas encore réduit le* SOPHISME EN ART (cette réduction était réservée à ce temps-ci); *que la philosophie n'était que la religion* (quoique page 41 il nous dise que le mot *religion* ne convient pas au mosaïsme, mais le mot *loi*); *que les peuples avaient peu à craindre les erreurs spéculatives* (quoiqu'il nous dise 4 lignes plus bas, qu'ils *s'emportaient aux désordres les plus excessifs et qu'ils montraient dans l'aveuglement de leurs passions autant de hardiesse à violer la loi morale, que de penchant à s'abandonner à tous les faux cultes*); *que* L'ABUS DE LA RAISON *n'était pas alors* LA GRANDE MALADIE DU GENRE HUMAIN.

On peut-être certain que M. l'abbé de La Mennais jouit d'une santé parfaite, et nous lui en faisons notre compliment sincère; il n'est certes pas attaqué de *la grande maladie du genre humain*, et bien certainement il *n'abusera jamais de la raison.*

Mais comme l'homme est toujours forcé d'abuser de quelque chose dans ce bas monde, la santé robuste de M. l'abbé de La Mennais le porte à *abuser de la déraison*, c'est pourquoi nous avons prié plus haut le poli M. A., du journal des Débats, et le modéré M. L........ de la Quotidienne, d'apprendre au public d'où sont datées la plupart de ses propositions.

Quelques lignes plus bas il nous dit que *Dieu prescrivit* au peuple juif *un culte digne de sa sainteté; qu'il lança ses anathèmes sur les adorateurs de la créature, les menaça de ses vengeances, les condamna même sur la terre au dernier supplice, voua des nations entières au glaive, pour faire sentir à des hommes grossiers la grandeur des crimes qui avaient mérité une si effrayante punition.*

Si le culte des Juifs était digne de la sainteté de Dieu, il devrait être considéré comme une religion suffisamment bonne, quoiqu'il n'ait pas, d'après M. l'abbé de La Mennais, le *témoignage universel* pour lui, et il ne convient pas de l'appeler un culte idolâtrique. D'un autre côté, si Dieu *lança ses anathèmes sur les adora-*

teurs de la créature, il n'est pas convenable d'avancer qu'ils *avaient la notion du vrai Dieu*, quoiqu'ils eussent le *témoignage universel* pour eux.

Mais il faut que les hommes ou les peuples contemporains, contre lesquels M. l'abbé de La Mennais, ainsi que les têtes qui sont placées sous le même bonnet, s'escriment avec si peu de modération, il faut, disons-nous, que ces peuples soient bien meilleurs que les peuples anciens, car Dieu ne *voue plus des nations entières au glaive* ! à la vérité, bien des gens desireraient que ces temps-là revinssent, mais il faut espérer que la clémence divine empêchera leurs vœux d'être exaucés.

Après avoir fait un magnifique éloge du peuple juif (page 51), M. l'abbé de La Mennais ajoute : *Depuis Jésus-Christ, les Juifs ne forment plus un corps de nation : ils n'ont ni territoire, ni autorité publique, ni lois politiques et civiles en vigueur, ni tribunaux. Pour la religion, leur foi est la même ; ce que croyaient leurs pères, ils le croient encore ; mais il y a dix-huit siècles que leur culte est aboli. Temple, autel, sacrifices, tout a cessé, tout est détruit ; et ces grandes ruines ne*

7.

peuvent jamais être relevées; la confusion des tribus a mis sur elles le sceau de l'éternité. Où sont aujourd'hui les enfants de Lévi, seuls légitimes pontifes, seuls investis du droit de toucher l'encensoir, d'accomplir, en mille circonstances, les expiations légales, d'offrir à Dieu le sang des victimes et de pénétrer dans le Saint des saints? les mains qui présentaient les dons sacrés ne sauraient être distinguées des mains profanes, la voix qui transmettait à Jehovah les prières du peuple est muette pour toujours... Et Juda, qu'est-il devenu? où est-il?

Il y a dans ce petit passage autant d'erreurs que de mots; et il n'est pas difficile de le prouver.

Nous excepterons cependant la deuxième proposition, sans que cette exception puisse faire grand bien à l'Essai sur l'Indifférence. Il est inexact de dire que *depuis Jésus-Christ, les Juifs aient cessé de faire un corps de nation, qu'ils aient cessé d'avoir un territoire, une autorité publique, des lois politiques et civiles en vigueur, ni tribunaux.* Ce n'est que soixante et dix-neuf années après Jésus-Christ, que les Juifs ont perdu tout cela, par suite de la destruction de Jérusalem par Titus; et ce n'est que trois

cent douze ans après Jésus-Christ, que le christianisme a commencé à avoir tout cela, par suite de la conversion de l'empereur Constantin, surnommé le Grand.

Depuis la destruction de Jérusalem par Titus, les Juifs se sont dispersés dans plusieurs parties de l'Europe, et dans un petit nombre de villes d'Asie, d'Afrique et des États-Unis d'Amérique; par-tout où ils jouissent des droits de citoyens, ils ont trouvé des lois politiques et civiles en vigueur, ainsi que des tribunaux, et ils en profitent comme tous les hommes des autres croyances qui habitent les mêmes pays. Il y a parmi eux des hommes supérieurs et des hommes ordinaires, des savants et des ignorants, des riches et des pauvres comme dans toutes les nations, dans toutes les populations, dans toutes les religions.

La philosophie contre laquelle M. l'abbé de La Mennais s'élève si fort, a fait comprendre en plusieurs pays l'injustice, l'inhumanité qu'il y avait à persécuter, à haïr des hommes auxquels on ne reproche que le crime de *croire ce que croyaient leurs pères*, et de s'être refusés, malgré les plus horribles cruautés, à y introduire la moindre innovation. Ceux qui crient tant contre les novateurs devraient donc admirer et vanter les Juifs, au lieu de les mépriser et dénigrer; quant aux hommes qui ont la vue plus étendue, l'ame plus grande, ils savent qu'un homme est toujours un homme, dans quelque religion qu'il soit né; et que ses bonnes ou ses mauvaises inclinations, ses vertus ou ses vices, sa force ou sa faiblesse, sa générosité ou sa cupidité, viennent de son éducation et de sa situation dans le monde, mais jamais de sa religion.

CHAPITRE VIII.

État des Juifs en France et en Hollande.—Contradictions de M. l'abbé de La Mennais sur le peuple juif.—Rétablissement de la vérité sur le peuple juif. — Encore des injures. — L'un ou l'autre. — Que les Juifs sont comme les autres hommes.

En France et en Hollande où les Juifs jouissent des droits civils et politiques, on en voit, comme d'autres religionnaires, qui parviennent à tous les emplois de l'état et de l'armée; qui se distinguent dans les sciences et dans les lettres. En France, où ils sont en plus petit nombre qu'ailleurs (1), il en est qui sont parvenus par leur bravoure et leur talent aux grades d'officiers-généraux; dans les sciences et les lettres, il en est plusieurs de connus que nous pourrions nommer, si nous ne craignions d'offenser leur modestie et de soulever le voile sous lequel ils dérobent leur naissance, pour échapper aux injustes préjugés qui poursuivent la croyance de leurs pères.

(1) On ne compte que 70,000 Juifs environ en France.

Ainsi, quoique les Juifs ne forment plus un corps de nation et n'aient plus de territoire où leur croyance soit la principale de l'état, ils *ont des autorités publiques, des lois politiques et civiles,* ainsi que des *tribunaux* dans les lieux *où ils jouissent des droits civils et politiques,* puisqu'ils sont confondus avec tous les hommes des autres croyances, qu'ils partagent les mêmes charges, les mêmes droits, et qu'ils ont, aussi bien qu'eux, accès à toutes les fonctions publiques, civiles, administratives, politiques, et militaires.

Dans beaucoup d'autres lieux, ils en ont autant et pas plus que les catholiques n'en ont en Angleterre et en Turquie.

Pour leur religion, ajoute M. l'abbé de La Mennais, *leur foi est la même, ce que croyaient leurs pères, ils le croient encore;* ils ont donc toujours la même religion; ils ont donc blâmé les novateurs, comme M. de La Mennais blâme les novateurs! S'il faut en croire Bossuet, *ils ne furent bannis de la nouvelle Jérusalem par Adrien que parcequ'ils étaient toujours rebelles à l'empire romain, et il ne fut impitoyable envers eux qu'à* cause de leur opiniâtreté (1). Mais, d'après tout cela, voilà un peuple qui n'a jamais été *indifférent en matière de religion*, qui devrait être présenté pour exemple, pour modèle, par M. l'abbé de La Mennais, qui devrait trouver en lui son meilleur ami et son plus grand apologiste!.....

Oui; mais *il y a dix-huit siècles que leur culte est aboli*, dit M. l'abbé de La Mennais. Quoi! leur culte est aboli depuis dix-huit siècles, et cependant trois lignes plus haut vous venez d'assurer que, *pour la religion, leur foi est toujours la même, et qu'ils croient encore ce que leurs pères croyaient!*..... Ah! monsieur, c'est un peu trop être fidèle au système que vous avez inventé d'écrire constamment *oui et non* ou *non et oui* sur la même question.

Mais vous confondez la religion, la foi, et le culte, vont peut-être nous objecter les amis de M. l'abbé de La Mennais, et ce n'est point du tout la même chose; le culte est l'exercice des cérémonies et de la prière que la foi et la

---

(1) Bossuet, Discours sur l'Histoire universelle.

religion prescrivent; or ils peuvent avoir encore *la foi, la religion, la croyance, qu'avaient leurs pères*, sans se livrer à l'exercice des *cérémonies et de la prière;* en un mot, *sans que leur culte ait cessé d'être aboli depuis dix-huit siècles.*

Voilà ce qui peut s'appeler de la subtilité! nous ne croyons même pas que le célèbre M. Ferrant, ni le fameux M. Pasquier, ni l'exact M. Deserre, aient jamais poussé la subtilité plus loin!

Est-il d'ailleurs bien certain que les Juifs aient cessé, *depuis dix-huit siècles*, de se livrer à l'exercice des cérémonies et de la prière de leur culte?..... D'abord il faut distraire de ces dix-huit siècles, de l'ère de Jésus-Christ, les soixante et dix-neuf années pendant lesquelles ils existaient encore comme corps de nation, et pendant lesquelles il est très probable qu'ils exerçaient leur culte; ensuite, quoique M. l'abbé de La Mennais nous assure que *temple, autel, sacrifices, tout a cessé, tout est détruit*; il n'en est pas moins vrai que tout le monde sait que ces religionnaires ont un ou plusieurs temples dans toutes les villes où ils sont en nombre suffisant pour s'y réunir; ainsi que les protestants en ont aussi un ou plusieurs dans les pays où leur religion n'est pas celle de l'état; et même ainsi que les catholiques en ont un ou plusieurs dans diverses résidences de l'Irlande et d'ailleurs.

A la vérité nous ignorons si les Juifs ont un autel, et s'ils appellent ainsi l'estrade sur laquelle monte leur pontife, ou l'espèce d'autel qui la surmonte et sur lequel ils placent la loi de Moïse et leurs livres de prières. Nous savons encore bien moins s'ils font des sacrifices; mais, dans tous les cas, les cérémonies de leur culte auraient pu être simplifiées, sans avoir pour cela cessé d'exister; une draperie un peu plus courte ou un peu plus longue est toujours une draperie; et si l'on rognait trois ou quatre travers de doigt à la soutane de M. l'abbé de La Mennais, elle n'en serait pas moins une soutane.

Ces grandes ruines, qui ne sont pas des ruines, comme on vient de le voir..... n'importe.....! *ces grandes ruines ne peuvent jamais être relevées.* On peut parler du présent avec une certaine assurance, M. l'abbé de La Mennais nous en donne de fréquents exemples; mais qui peut répondre de l'avenir?

La confusion des tribus a mis sur elles le sceau de l'éternité. Où sont aujourd'hui les enfants de Lévi, seuls légitimes pontifes, seuls investis du droit de toucher l'encensoir, d'accomplir en mille circonstances les expiations légales, d'offrir à Dieu le sang des victimes, et de pénétrer dans le Saint des saints? Les mains qui présenteraient les dons sacrés ne sauraient être distinguées des mains profanes, la voix qui transmettrait à Jehovah les prières du peuple est muette pour toujours..... Et Juda, qu'est-il devenu? où est-il?

Ou nous nous trompons fort, ou M. l'abbé de La Mennais trouve ce petit passage l'un de ceux qui doivent produire le plus d'effet dans son livre; les phrases en sont sonores, les images en sont belles....... Quel dommage que ce ne soit là qu'un vain cliquetis de mots tout-à-fait dépourvu de sens!

Il est surprenant qu'un ecclésiastique qui écrit avec tant d'assurance sur ces matières, et qui cite fréquemment de l'hébreu en caractères hébraïques, ignore, aussi complétement qu'il en donne ici les preuves, ce que des hommes qui n'ont pas la prétention d'être versés dans cette connaissance, n'ignorent cependant pas, et ce qu'il lui aurait été si facile d'apprendre.

Depuis leur dispersion, les Juifs ont toujours entre eux formé trois classes; celle des *Israélites* proprement dits, qui compose la nation juive; celle des *Cohens* ou *Cahens*, qui sont les descendants des pontifes et qui leur succèdent; celle des *Lévis* ou *Lévites*, qui descendent des Lévites et leur succèdent également; cette succession a toujours eu lieu et a encore lieu par ordre de primogéniture de mâle en mâle, d'après les renseignements que nous avons pris avant d'écrire ce chapitre; tous les Juifs qui s'appellent *Cohens* ou *Cahens* descendent de la branche pontificale, ont toujours fourni et fournissent encore les pontifes; tous ceux qui s'appellent *Lévi* descendent de la branche des Lévites et en remplissent encore les fonctions (1); ce sont ces derniers qui dans les

---

(1) Il y a aussi des Juifs qui font partie de la classe des *Cohens* ou *Cahens* et de celle des *Lévis* ou *Lévites*, quoique portant d'autres noms.

grandes cérémonies versent l'eau pour l'ablution des mains du pontife, comme les enfants qui servent la messe versent l'eau pour l'ablution des mains du prêtre catholique. Voilà de ces choses qu'il nous était permis de ne savoir pas, mais que M. l'abbé de La Mennais ne devait pas ignorer.

Quant aux descendants de Juda, il paraît que l'auteur de l'Essai sur l'Indifférence en matière de religion a oublié la Bible pour la politique, autrement il se souviendrait de la promesse que Dieu a faite de ne jamais laisser éteindre cette race.

En supposant donc complète et inextricable la confusion des tribus, ce qui n'est pas prouvé, ce n'est pas une raison, comme on vient de le voir, pour qu'on ne trouve plus parmi les Juifs ni pontifes ni lévites, et pour qu'on puisse supposer éteinte la race de Juda.

Mais, quand il n'existerait plus de descendants de Lévi ni de Juda, pourrait-il s'ensuivre que les Juifs, s'ils se formaient en corps de nation, ne pussent pas avoir des pontifes et des rois? Ils prétendent eux-mêmes qu'ils ne le pourraient pas en effet, et disent que cela ne sera jamais, puisque Dieu le leur a promis: ils ont tort, non sans doute de croire à leur religion, mais de répondre ainsi à cette supposition. Il est un principe qui leur serait dans ce cas applicable, quoi qu'ils en disent; parcequ'une famille pontificale ou souveraine s'éteint complètement, l'état ne peut pas s'éteindre de même; il hérite de ces familles et acquiert le droit d'en élire d'autres pour les remplacer. Si la famille impériale s'éteignait en Chine, les Chinois cesseraient-ils d'exister et ne pourraient-ils pas se donner un autre empereur?.... En supposant que le pontificat soit héréditaire dans un état quelconque, et que la famille pontificale s'y éteigne, cet état n'aura-t-il pas le droit d'en élire une autre?.... Nous ne pensons pas que les phrases les plus sonores, que les images les plus brillantes, puissent donner les affirmations contraires..... et, à plus forte raison, les phrases, les images, et les interrogations de M. l'abbé de La Mennais.

Après avoir avancé (page 52) que *les Juifs*, quoique *croyant encore ce que croyaient leurs pères,* comme nous venons de le voir, *sont* maintenant, pour ce qui concerne la religion, dans l'état où le genre humain se trouvait avant Jésus-Christ, et le genre humain se trouvait alors dans l'idolâtrie, à l'exception des Juifs, et avait le *témoignage universel* pour lui, tandis que les Juifs étaient obligés de s'en passer (ainsi qu'on l'a vu page 96 de ce volume), M. l'abbé de La Mennais nous assure (page 53) que *pendant qu'ils subsistèrent en corps de nation, leurs croyances et leur culte reposaient sur* L'AUTORITÉ DU GENRE HUMAIN ; ainsi, quoiqu'ils ne fussent qu'une très petite partie du genre humain, et que toutes les autres parties du genre humain eussent d'autres croyances et d'autres cultes, ils n'avaient pas moins *l'autorité du genre humain pour leurs croyances et leur culte !*...... Qu'on dise, après cela, que M. l'abbé de La Mennais n'est pas fidèle et très fidèle à la méthode de discourir qu'il a inventée !

Afin de donner de nouvelles preuves de cette fidélité à sa méthode neuve de discourir, il se hâte, après avoir fait un éloge pompeux du peuple juif (page 51) d'en faire une satire amère (page 56 et 57).

Précédemment ce peuple était le peuple

par excellence ; il professait *un culte digne de la sainteté de Dieu, et qui lui avait été prescrit par Dieu* même ; c'était un *peuple miraculeux dans les événements de son histoire, dans sa grandeur, dans ses humiliations, en un mot dans toute son existence* (page 51). Enfin, *depuis Jésus-Christ, pour la religion sa foi était la même ; il croyait toujours ce que ses pères croyaient* (ib. et 52) : ce qui semblerait établir que depuis Jésus-Christ les Juifs ont professé et professent encore *un culte digne de la sainteté de Dieu et prescrit par Dieu*, puisqu'ils *croient encore ce que croyaient leurs pères*, et que *leur foi est la même*. Maintenant il nous affirme que depuis Jésus-Christ ce peuple *est pareil à ces grands coupables qui ont perdu l'intelligence et dont le crime a troublé la raison* (page 57). Mais de deux choses l'une, ou il est criminel, ou il ne l'est pas ! ou la croyance de ses pères était bonne ou elle ne l'était pas ! ou le culte de ses pères était digne de la sainteté de Dieu, et prescrit par Dieu, ou il ne l'était pas ! ou il croit encore ce que croyaient ses pères, ou il ne le croit pas ! ou il professe le culte de ses pères, ou il ne le professe pas ! car si le culte et la foi de ses pères étaient dignes de la sainteté de Dieu, et qu'il professe encore le culte et la foi de ses pères, il est impossible que ce peuple soit *pareil à ces grands coupables qui ont perdu l'intelligence et dont le crime a troublé la raison.*

M. l'abbé de La Mennais ajoute : *Par-tout opprimé, il est par-tout.....* Comment donc pourrait-il se faire qu'il fût *par-tout opprimé*, s'il n'était *nulle part?*

Mais d'ailleurs est-il *par-tout ?.....* La population du monde est d'*un milliard d'individus;* il n'y a dans ce milliard que *deux millions cinq cent mille Juifs;* c'est-à-dire un *quatre centième* de la masse générale, ou *un Juif sur quatre cents hommes*, et il y aurait des Juifs *par-tout?* tandis que les catholiques, *trente-six fois plus nombreux*, ne sont pas *par-tout?* tandis que tous les chrétiens réunis, *quatre-vingts fois plus nombreux*, ne sont pas *par-tout?* Voilà de ces impossibilités physiques, qui ne peuvent être soutenues que par l'imperturbable assurance de M. l'abbé de La Mennais! Bien loin d'être *par-tout*, les Juifs ne sont que dans quelques parties de l'Europe, et dans un petit nombre de villes d'Asie, d'Afrique et des États-Unis :

il n'y en a point dans les vastes possessions de la Russie; il n'y en a point dans les Espagnes; point dans toute l'Amérique; d'où l'on peut conclure avec raison qu'ils ne sont répandus que dans la proportion de leur nombre, c'est-à-dire que sur un *quatre centième* de la terre habitée..... Voilà comme ils sont *par-tout!*.....

- *Au mépris, à l'outrage, il oppose une stupide insensibilité; rien ne le blesse, rien ne l'étonne; il se sent fait pour le châtiment; la souffrance et l'ignominie sont devenues sa nature*, continue M. l'abbé de La Mennais, sans s'apercevoir que ce tableau ne convient pas seulement au peuple juif, mais à tous les peuples opprimés!..... Que peuvent faire des opprimés isolés et sans point de ralliement contre des oppresseurs qui commandent à la force?..... Que faisaient les infortunés Grecs sous l'oppression ottomane?..... ils se taisaient! mais leur silence n'était point une *stupide insensibilité! rien ne les étonnait* de la part de leurs bourreaux; mais *tout les blessait!* ils supportaient bon gré malgré *la souffrance et l'ignominie*, comme les premiers martyrs du catholicisme; mais ils ne pouvaient *se sentir faits pour le châtiment!....* C'est ainsi que les opprimés de tous les temps, de tous les lieux, de tous les cultes, ont dû constamment se conduire.

De plus, ce tableau es tinexact pour le temps actuel; les Juifs en France ne sont pas plus *méprisés*, pas plus *outragés*, pas plus *opprimés* que les autres citoyens; ainsi ils n'ont pas plus que les protestants, pas plus que les catholiques, pas plus que les quakers, pas plus que les méthodistes, etc., etc., etc., de *stupide insensibilité;* ils sont autant et pas plus *blessés* qu'eux, ni plus ni moins *étonnés* qu'eux, et ne se sentent pas plus faits qu'eux *pour le châtiment, l'ignominie et la souffrance!.....*

CHAPITRE IX.

Calomnie contre la philosophie grecque. — Apologie de l'idolâtrie.—Injures contre la philosophie romaine.—Insultes pour les grands.—La raison renverse les lois.—Le soleil produit l'obscurité. — Préférence de M. l'abbé de La Mennais de l'idolâtrie sur le christianisme. — Satire de l'idolâtrie. — Encore une fois de deux choses 'une.

Dans le chapitre qui suit celui que nous venons d'examiner, M. l'abbé de La Mennais disserte sur les *cultes idolâtriques*.

Il commence par nous donner le passage suivant :

Les grandes erreurs de l'esprit étaient à-peu-près inconnues dans le monde AVANT LA PHILOSOPHIE GRECQUE. *C'est elle qui les fit naître, ou qui au moins les développa, en affaiblissant le respect pour les traditions, et en substituant le principe de l'examen particulier au principe de foi.* ELLE ENHARDIT LES DESIRS DU CRIME; *et, opposant la raison de chacun à la raison de tous, à la raison de Dieu même, elle rompit les derniers* LIENS QUI

CONTENAIENT L'ORGUEIL *et le soumettaient à la vérité* (page 58).

Ainsi la philosophie grecque, qui a enfanté la philosophie de toutes les autres nations, qui a été cultivée par des hommes de génie du premier ordre, dont les ouvrages ont été, comme ils seront éternellement, l'objet de l'admiration de tous les temps et de tous les peuples, le *sage* Socrate, le *divin* Platon, et tant d'autres non moins grands, non moins sublimes, non moins-immortels, créèrent *les grandes erreurs de l'esprit qui étaient avant eux inconnues dans le monde !*..... Bravo! M. l'abbé de La Mennais, bravissimo! de plus fort en plus fort!

Ils affaiblirent le respect pour les traditions !..... Quelles étaient donc les *traditions* des peuples qui n'étaient pas juifs? N'était-ce pas celles de l'idolâtrie et des païens?..... Et quelles étaient les *traditions* de l'idolâtrie et des païens? Est-ce qu'elles pouvaient être agréables *à un Dieu unique, au vrai Dieu ?*..... Vous dites que la philosophie grecque *substitua le principe de l'examen au principe de foi !*..... Il valait donc mieux ne pas *examiner* s'il était sensé, s'il était

raisonnable, s'il était humain, s'il était louable, d'adorer des idoles de bois, de pierre, et de métal, de vils insectes, des animaux stupides ou féroces? de leur sacrifier des hommes, et jusqu'à des enfants et de jeunes vierges? Il fallait, *sans raisonner,* se livrer aux bacchanales et à tant d'autres cérémonies dont le nom seul rappelle de si dégoûtantes turpitudes, que notre plume se refuse à les écrire !......
Vous prétendez que tout cela habituait les hommes *à l'idée de la Divinité, à la nécessité du culte !*...... C'était ainsi que les idolâtres conservaient *la notion d'un Dieu unique,* en en adorant des milliers! *du vrai Dieu,* en en adorant de faux! *du culte saint,* en s'en permettant d'infames! *des expiations,* en sacrifiant à leurs idoles des créatures innocentes !...... Il faut avouer que c'étoit là une méthode de servir Dieu tout aussi extraordinaire que votre manière d'écrire et de prouver! Et c'est probablement à cause de cette ressemblance que vous en faites un si pompeux éloge!

Mais ce n'est pas tout. Vous avancez que la philosophie *enhardit les desirs du crime!* Quelle est donc la philosophie grecque, latine, allemande, anglaise, italienne, française, et même chinoise, qui *enhardisse les desirs du crime?* Quelle est celle, de quelque temps et de quelque lieu que ce soit, qui ne recommande pas de ne faire à autrui que ce que nous voudrions qu'il nous fît? Et quel est le *desir du crime* qui soit *enhardi* par cette source de toute morale, de toute justice? Quelle est celle qui, *en cherchant les moyens les plus sages de rendre les hommes heureux,* car ce n'est qu'ainsi, encore une fois, qu'on doit définir la philosophie, comme on l'a vu page 62 de ce volume, n'a pas pris la vertu, l'équité, pour bases fondamentales de ses principes?

Boileau nous a dit:

>Écrive qui voudra, chacun à ce métier
>Peut perdre impunément de l'encre et du papier.

Mais, en vérité, c'est un peu trop abuser de la permission, que de déraisonner d'une aussi étrange manière!

Elle rompit les derniers liens qui contenaient l'orgueil et le soumettaient à la vérité!..... Ah! c'est sans doute pour cela que l'on voit de loin en loin, dans le monde lettré, l'extravagance, le mensonge et la sottise, s'affubler du bonnet doctoral, et se mettre en opposition avec la raison et l'humanité!

En cet endroit de son troisième volume, M. l'abbé de La Mennais répète ce qu'il a déja dit mille fois, que *l'idolâtrie était compatible avec l'ordre social, qu'elle ne détruisait pas les peuples, tandis que la philosophie détruisait les nations; que l'idolâtrie laissait subsister les vérités, qu'elle faisait croire à la Divinité, à la nécessité du culte;* mais que *la philosophie seule ébranla tout cela, en introduisant, sous le nom de sagesse, le mépris des choses saintes, le doute, et l'incrédulité* (page 59).

Ainsi, d'après lui, les idoles et leurs cultes étaient des *choses saintes* qu'il fallait bien se garder *d'ébranler,* la sagesse avait tort de les *mépriser,* toutes les impostures de l'idolâtrie étaient des *vérités;* elles faisaient *croire à la Divinité,* quoique la Divinité n'ait jamais dû être confondue avec les morceaux de bois, de pierre, de métal, les plantes et les animaux, que la stupidité adorait à sa place; et la philosophie, qui voulait introduire la *sagesse* à la place de ces extravagances, qui voulait empêcher le sang humain de couler sur les autels de ces faux dieux, qui voulait mettre un terme aux atrocités d'un fanatisme grossier, *détruisait les nations!*

Voilà les propositions qui sortent perpétuellement de la plume de M. l'abbé de La Mennais; il les trouve si brillantes, si raisonnables, si magnifiques, qu'il ne se lasse pas de les répéter, pour les répéter encore, pour les répéter toujours; nous en avons assez fait voir le ridicule, l'extravagance, la monstruosité, nous n'en dirons plus rien; le lecteur suppléera à notre silence, et la raison publique en fera justice pour nous.

Là M. l'abbé de La Mennais nous dit que la *maladie terrible* de la philosophie, *passant de la Grèce à Rome, s'y manifesta d'une manière alarmante pour l'état, vers le déclin de la république, dont elle hâta les derniers moments* (page 60). Ainsi, c'est parceque *la raison* détruisit les superstitions des cultes idolâtriques, que *les derniers moments* de la république romaine *furent hâtés;* il n'y eut point d'autres causes! c'est M. de La Mennais qui l'assure. Quel historien que M. l'abbé de La Mennais! Jusqu'ici on avait cru que *les derniers moments* de la république romaine *avaient été hâtés* par l'ambition de Pompée et de César, par les fureurs sanglantes du triumvirat d'exécrable mémoire, et par la puissance d'Auguste..... Mais M. l'abbé de La Mennais a changé tout cela ; et l'on n'en peut être étonné, il a changé bien autre chose!

Répandue sur-tout parmi LES GRANDS, ajoute l'auteur en parlant de la philosophie, *on pouvait prévoir l'époque où elle envahirait le peuple entier.*

Ah! voici le tour des grands! Jusqu'ici l'auteur les avait laissés tranquilles; mais on auroit pu trouver surprenant qu'il respectât quelque chose, et il n'a voulu se démentir en rien!..... Or *les grands* étaient plus éclairés que le peuple, parcequ'ils avaient pu mieux cultiver leur esprit que le peuple; ainsi anathème sur *les grands!* Oh! s'ils étaient restés dans un admirable abrutissement, dans une superbe ignorance, comme on en a vu qui se vantaient de ne connaître que leurs armes, et de ne savoir signer qu'en appliquant l'empreinte de leur main ou du pommeau de leur épée au bas des actes qu'ils contractaient, à la bonne heure! les grands auraient été à l'abri des reproches de M. l'abbé de La Mennais! Mais avoir l'audace de cultiver leur esprit, leur jugement! d'écouter la raison, la philosophie! en vérité, c'était déroger au plus haut point! c'était se montrer indigne de son rang! c'était s'assimiler à des hommes de rien!

Aussi, *les calamités de ces temps affreux, les suites épouvantables de l'oubli des devoirs* (de l'idolâtrie), *rien n'arrêta l'audace des esprits, qui, ayant perdu peu à peu jusqu'aux dernières lueurs de la foi* (qu'on ne perde pas de vue qu'il s'agit de LA FOI IDOLATRIQUE!), *traversaient en tous sens* LES TÉNÈBRES *avec inquiétude, et finirent par s'y reposer avec un* CALME EFFRAYANT!

Et *les grands* furent cause de tout cela! car sans eux la philosophie aurait prêché dans le désert, les peuples ne l'auraient pas comprise, l'idolâtrie n'aurait pas été troublée..... et peut-être durerait encore en Europe!

La raison affranchie de l'autorité, ajoute M. l'abbé de La Mennais, *ne connut plus aucune règle; elle renversa les croyances* (de l'idolâtrie), LES MOEURS, LES LOIS, TOUT CE QUI

SOUTENAIT L'EMPIRE...... Comment, parceque la raison dédaigna, méprisa le *culte* des idoles, *les croyances* païennes, elle renversa *les mœurs, les lois?*..... Il nous semblait qu'il n'y avait que la *déraison* qui pouvait renverser *les mœurs* et *les lois!*..... nous nous trompions sans doute ! mais *la raison renversa* de plus *tout ce qui soutenait l'empire*..... conséquemment, les corps de l'état, la diplomatie, la magistrature, l'administration, l'armée ; car c'est à-peu-près là *tout ce qui soutient un empire*..... La raison de ce temps-là, d'après M. l'abbé de La Mennais, aurait été fort singulière, fort ressemblante à la *déraison !* elle aurait même été fort puissante ! elle n'aurait rien eu de commun avec la raison de ces temps-ci dont tant de gens méconnaissent et bravent les bons conseils !

Miné par sa base, ajoute l'auteur en parlant de l'empire romain, *on vit cet énorme édifice pencher; les peuples se troublèrent; la terre s'émut, comme aux approches de sa fin; alors une voix se fit entendre, la voix du Seigneur Dieu des vertus; les nations accoururent, et contemplèrent son œuvre; un grand prodige venait de s'opérer. Une croix avait sauvé le monde, et le christianisme s'élevait sur les ruines de la philosophie et de l'idolâtrie* (ib. et 61).

Conséquemment la raison et la philosophie avaient ramené le *chaos!*..... C'est absolument comme si l'on disait que le soleil produit l'obscurité, au lieu de produire la lumière... Mais, n'importe, ne chicanons pas M. l'abbé de La Mennais sur cette méthode neuve d'envisager les choses, il doit nous y avoir accoutumés; voyons seulement un point de contestation d'une autre nature, et qui nous fournira de nouveaux aperçus.

Il est à craindre que, dans ce petit passage, M. l'abbé de La Mennais n'ait pris le parti de l'idolâtrie contre le christianisme! *Qui veut la fin veut les moyens;* or ce n'est pas vouloir le christianisme que de blâmer la raison et la philosophie d'avoir miné *par sa base* le culte idolâtrique! d'avoir renversé *les croyances* des faux dieux! Ne paraîtraient-elles pas plutôt louables d'en avoir agi de la sorte? Si les peuples fussent restés fermes dans la foi de l'idolâtrie, *si cet énorme édifice n'avait pas penché,* n'y aurait-il pas eu à craindre que les nations n'eussent méconnu *la voix du Seigneur Dieu des ver-*

tus? qu'elles n'eussent refusé d'accourir et de contempler son œuvre? Puisqu'un grand prodige venait de s'opérer, qu'une croix avait sauvé le monde, que *le christianisme s'élevait sur les ruines de l'idolâtrie*, et que la philosophie avait *miné* et *ruiné* l'idolâtrie, ne vaudrait-il pas mieux admettre que la philosophie fut le moyen dont Dieu se servit d'abord pour atteindre son but, que de blâmer la philosophie d'avoir préparé les voies du salut?..... Il nous semble qu'il y a une excessive maladresse dans cette manière de voir de M. l'abbé de La Mennais, et que cette excessive maladresse est infiniment plus capable de nuire aux bonnes doctrines que de leur être utile.

Après avoir fait l'éloge de l'idolâtrie, M. l'abbé de La Mennais nous dit qu'*elle n'en était pas moins* UN DES CRIMES LES PLUS GRAVES *que l'homme pût commettre, et un principe toujours agissant de dépravation morale et intellectuelle* (pag. 61). Cependant (deux lignes plus haut), *elle n'était pas aussi dangereuse que la philosophie pour la société.*

On voit que, dans l'opinion de M. l'abbé de La Mennais, la philosophie est beaucoup plus *dangereuse pour la société* que l'idolâtrie, et que même elle est un plus grand crime que *les crimes les plus graves!* d'où l'on doit conclure que notre langue est une bien pauvre langue, puisqu'elle n'admet rien au-dessus du superlatif, et qu'elle ne croit rien de *plus grave* que ce qui est le *plus grave*.

L'idolâtrie est maintenant *un ignoble servage* pour les peuples qui y sont nés et qui n'ont jamais entendu parler d'une autre religion; *ces cultes sont aussi absurdes que honteux; ils révoltent également la conscience et la raison*, quoiqu'on les observe encore dans une portion considérable du monde.

A la bonne heure! voilà qui est bien! mais alors ce qui précède est mal, car il est impossible que l'idolâtrie soit un crime sans être un crime, soit un *culte absurde et honteux*, et conserve *la notion d'un Dieu unique, du vrai Dieu;* soit un *ignoble servage*, et laisse *subsister les vérités, et fasse croire à la divinité, à la nécessité du culte;* il est impossible de trouver qu'elle *révolte la conscience* de ceux qui n'ont jamais vu d'autre croyance établie dans leur pays, et qui s'en rapportent à leur *autorité générale;* qu'elle *révolte la raison,* et de trouver mauvais que la raison et la philosophie l'aient ébranlée et renversée en Europe.

CHAPITRE X.

Citations éternelles. — Le fond de toutes les croyances. — Causes de l'idolâtrie. — Redoublement de citations. — Idolâtrie des hommes morts. — Premier voyage de M. l'abbé de La Mennais autour du monde. — Monstrueuse hérésie. — Nouveau débordement de citations. — Le même Dieu par-tout. — Second voyage de M. l'abbé de La Mennais autour du monde.

Dans ce qui suit, M. l'abbé de La Mennais se propose de rechercher comment l'idolâtrie a pu s'introduire parmi les hommes ; *la première cause d'un fait si extraordinaire, dit-il, se trouve sans doute dans la dégradation originelle de notre nature;* puis il pense qu'avant d'exposer les autres causes il doit donner une juste idée de la vraie religion.

Là il établit en effet l'existence d'un dieu unique, des bons et mauvais anges, la croyance de l'immortalité de l'ame, de la nécessité de rendre hommage à l'Éternel, qui forment la base de toutes les religions non idolâtriques; comme étant connues et suivies dès l'origine du monde : et il cite à son appui quatorze écrivains sacrés. Il nous dit ensuite: *Écoutons maintenant Bossuet;* et il nous cite cinq pages de Bossuet, y compris les textes latins que cet orateur a imités.

Étendant son idée, il nous cite encore *un homme d'un vaste savoir,* qui a prouvé que ces vérités se trouvaient chez tous les peuples de la terre; que les Grecs, les Égyptiens, les Phéniciens, Thalès, Pythagore, Platon les reconnaissaient; et, là, des citations et des notes sont données en abondance.

Malheureusement pour M. l'abbé de La Mennais, personne n'ignore que le fond de presque toutes les croyances anciennes se ressemble, sans qu'on en puisse inférer que ces croyances aient été ou soient les mêmes. La vraie croyance repose sur un Dieu unique et éternel; et quoique toutes les autres aient cru à des divinités, ces divinités étaient fausses et nombreuses, et souvent bizarres ou ridicules au dernier point. Ainsi l'aimable et séduisante Grèce antique avait peuplé son olympe d'une multitude de divinités qui avaient toutes les vertus et toutes les passions des hommes; elle avait divinisé les plus belles femmes et les hommes les plus célèbres : l'Égypte, moins riante, adorait le féroce crocodile, les rats, les sauterelles, et jusqu'aux végétaux les plus communs. Les deux pays *croyaient à l'immortalité de l'ame, aux peines et aux récompenses futures, à la nécessité du culte;* mais leur royaume sombre était peuplé et gouverné aussi différemment de l'enfer, que leur ciel était différent du nôtre; et leurs cultes étaient encore bien plus dissemblables que leurs croyances.

Ainsi on peut dire que presque toujours et partout il a existé une religion ou une croyance quelconque; qu'elles se proposaient toutes à-peu-près le même but; mais on ne peut soutenir que ces religions n'en formaient qu'une; car si cela avait été, cela serait encore; et les catholiques, les Juifs, les protestants, les musulmans, les idolâtres, suivraient tous une même religion, sauf quelques variations dans les noms et dans les formes, ce que M. l'abbé de La Mennais ne voudra certainement pas admettre, malgré les nombreuses citations qu'il nous donne, malgré les quatorze écrivains sacrés, malgré Bossuet et *l'homme d'un vaste savoir.*

Plus le Dieu véritable, unique, éternel, invisible, était élevé au-dessus de l'homme, plus l'homme, esclave des sens, ajoute M. l'abbé de La Mennais, *éprouvait le besoin de se le représenter par quelque image..... Ce fut là probablement une des causes de l'idolâtrie.*

Une autre cause non moins ancienne de l'idolâtrie est trouvée dans les desirs que les hommes avaient d'adorer des êtres plus près de leur nature que le vrai Dieu. Ici une citation *du docte Prideaux* appuie le raisonnement de M. l'abbé de La Mennais, ainsi que des notes de More, de Cicéron, de Fourmont, de l'abbé Mignot, d'Eschyle, de Platon, de Ménandre, etc., etc., etc. *Ainsi,* ajoute-t-il enfin, *le culte des esprits devint presque uniquement le culte de l'enfer et de ses princes* (page 81).

Quelques lignes plus loin, l'auteur dit que les preuves de ce qu'il avance sont par tout, QU'ON EN COMPOSERAIT DES VOLUMES, *et que,* CONTRAINT D'ABRÉGER, *comme il l'est,* IL SE BORNERA *à jeter un* COUP D'OEIL RAPIDE *sur les diverses religions idolâtriques qui ont régné ou qui règnent encore dans les différentes parties du monde.*

Ainsi, après nous avoir donné trente pages sur les cultes idolâtriques, il veut bien ne nous en plus donner que vingt-quatre, et nous faire grace jusqu'à nouvel ordre des nombreux volumes de citations que ce sujet pourrait lui fournir..... Le lecteur doit lui savoir gré de cette prévenance ; quant à nous, nous aimerions assez que toutes les fois qu'il prendrait fantaisie à M. l'abbé de La Mennais de publier des livres, il se bornât à copier ce que les autres ont écrit avant lui, n'importe sur quel sujet ; et, dût-il nous citer des fragments complètement étrangers à la matière qu'il prétend traiter, nous nous en accommoderions très bien, et ne manquerions certainement pas de les préférer à sa prose.

Fidèle à sa promesse, il jette *un coup d'œil sur les cultes idolâtriques qui ont régné et qui règnent encore dans les différentes parties du monde;* et, après avoir cité *les sabéistes,* qui *adoraient les astres, les éléments, les esprits, les animaux et les productions inanimées de la nature,* à travers lesquels *on ne peut pas douter que l'esprit du mal, satan et les anges, dont* LE GENRE HUMAIN TOUT ENTIER *atteste l'existence, se firent adorer* (page 80); il en vient à *l'idolâtrie* DES HOMMES MORTS.... Comment, dira le lecteur, *l'idolâtrie des hommes morts!* Est-ce que *les hommes morts* pouvaient encore être idolâtres?..... Non; ce n'est pas cela que M. l'abbé de La Mennais veut dire, il s'agit du culte idolâtrique dont *les hommes morts et même vivants* étaient l'objet.... O grand Mathanasius! où êtes-vous pour signaler toutes les merveilles qu'on trouve dans cet ouvrage; pour nous donner un commentaire de ce chef-d'œuvre, comme vous nous avez donné celui du *chef-d'œuvre d'un inconnu?* Ce serait alors qu'on goûterait toutes les beautés de style de l'Essai sur l'Indifférence en matière de religion, et que l'auteur qui l'a produit jouirait de toute sa gloire!

De *l'Idolâtrie des hommes morts marquée clairement par* SANCHONIATON, *dans un fragment conservé par* PHILON DE BIBLOS, *et cité par* EUSÈBE (page 83), ainsi que par M. l'abbé de La Mennais, en latin et en français, il en vient au *soleil* et à *la lune* (page 86), comme Petit-Jean dans les Plaideurs ; et si par hasard le lecteur impatient du *coup d'œil* prétendu *rapide* s'écriait :

> Quand aura-t-il tout vu ?

on n'aurait pas à craindre que l'auteur, imitant son modèle, ne nous dise :

> Oh ! pourquoi celui-là m'a-t-il interrompu ?
> Je ne dirai plus rien.

Il verra et il écrira toujours de même, qu'on le trouve *rapide* ou non.

Conséquemment il étend son *coup d'œil* sur les cultes dont étaient l'objet *les vents et les fleuves* (page 87), *les rois et les animaux les plus vils* (page 88), *les planètes représentées par des* IMAGES FORT EXTRAORDINAIRES (page 91). Il parcourt la Grèce et Rome, l'Égypte, la Perse, l'Europe ancienne, parle des Scythes, des Thraces, des Gètes, des Massagètes, des Goths, des Germains, et nous donne jusqu'à six notes pour deux lignes (page 95) ; des Celtes, des Ibériens, des Celtibériens, des Hellènes, etc., etc., et dix pages de etc !

Peu fatigué d'un si grand voyage et d'un si

long discours, faits l'un et l'autre avec d'innombrables citations, il nous dit, d'un air triomphant : *Tel est,* EN RACCOURCI, *le tableau fidèle des religions païennes* (page 107). EN RACCOURCI ! s'écrie le lecteur. Certainement *en raccourci !* Tout ce qui pourrait être plus long ne doit pas être trouvé long : et si M. l'abbé de La Mennais publiait cinq cents volumes de notes, ce serait une bagatelle, puisqu'il pourrait donner en notes tous les livres existant en France, en Allemagne, en Angleterre, en Italie, en Russie, en Asie, en Afrique et en Amérique !.... Personne ne peut contester cette vérité! Aussi se hâte-t-il d'ajouter : *Il eût été facile de l'étendre* (ib.); et nous le croyons parfaitement : il ne fallait pas faire de grands frais d'imagination pour cela..... c'est pourquoi nous ne pouvons nous persuader qu'il ne nous donne plus qu'un volume..... si toutefois sa spéculation réussit.

Mais quel rapport y a-t-il entre ce coup d'œil rapide, ou non, et le traité sur l'Indifférence en matière de religion?..... Quel rapport? Peut-on nier que ce ne soit là une véritable pièce de rapport?..... Oui, mais quelle est la conséquence que l'auteur en tire? En conclut-il que les hommes et la société de tous les temps et de tous les lieux ont été plus estimables et plus heureux en n'étant pas indifférents en matière de religion, abstraction faite de toute croyance, qu'en y étant indifférents? ou veut-il en venir à prouver que le catholicisme rend les hommes plus estimables et plus heureux que les autres religions? Non; jusqu'à présent il n'est point du tout question de cela; nous verrons par la suite; il croit seulement *avoir prouvé que l'idolâtrie ne fut jamais que le culte des esprits bons et mauvais, et le culte des hommes distingués par des qualités éclatantes, ou vénérés pour leurs bienfaits;* C'EST-A-DIRE, *au fond,* LE CULTE DES ANGES, *et celui* DES SAINTS (page 108).

Ah! M. l'abbé de La Mennais, que dites-vous là? Quoi! l'idolâtrie serait *au fond le culte des anges et des saints!* et vous ne craignez pas d'avoir commis là une hérésie monstrueuse! Si l'idolâtrie était *au fond le culte des anges et des saints*, le culte des anges et des saints *serait au fond l'idolâtrie*. Nous ne savons en vérité dans quelles doctrines vous avez puisé cela! Vous aurez beau citer, à l'appui de cette assertion, un auteur anglais et l'abbé Foucher, vous aurez beau disserter ensuite *afin de rendre cette vérité encore plus évidente* (page 109), on vous répondra que votre manie de compiler vous a égaré, vous a poussé trop loin, et vous a fait dire ce qu'il n'était ni adroit ni utile de dire dans un livre du genre du vôtre; nous ne serions même pas étonné si monseigneur l'archevêque de Paris vous adressait une semonce, et si la cour de Rome mettait votre ouvrage à l'index.

Il convient de montrer qu'en adorant soit des esprits intermédiaires, soit des hommes, on ne les confondait point avec le Dieu suprême, le vrai Dieu (page 109).

Ce n'en était pas moins une idolâtrie !... Ensuite est-il bien certain que *le dieu suprême des païens fût le vrai Dieu?* Quoi! *Jupiter* était *le vrai Dieu!....* des païens à la bonne heure, mais des chrétiens ! fi donc; vous n'y pensez pas ! et nous vous conseillons de prendre des chevaux de poste ou de vous embarquer, si jamais l'intolérance que vous appelez à grands cris venait à s'établir; la sainte inquisition a brûlé des gens qui s'étaient bien gardés d'en dire autant que vous; ainsi changez bien vite d'opinion, ou partez pour les États-Unis d'Amérique à la moindre alerte, où vous aurez la liberté de dire tout ce qu'il vous plaira, quoique vous ne vouliez pas que cette liberté soit accordée aux autres hommes.

En attendant qu'il prenne l'un de ces deux partis, M. l'abbé de La Mennais appuie son assertion sur de longues citations : *catholiques, protestants, philosophes*, dit-il, *tous s'accordent sur ce point* (page 113). *Je vais, dit Beausobre,* etc. Là il cite une page et demie de cet écrivain; ensuite il ajoute : *Voltaire s'explique à cet égard d'une manière non moins formelle* (page 115), et il cite une demi-page de Voltaire. *Veut-on qu'à ces preuves*, dit-il après, *nous ajoutions des temoignages exprès des anciens? Nous n'aurons que l'embarras du choix* (page 116); et, afin de sortir de cet embarras, il choisit tout ce qu'il trouve, et il nous donne douze pages de citations grecques, latines, anglaises, françaises, etc., pour prouver, ce qu'on savait probablement déja, que *Jupiter* était le maître des dieux païens; que *Xam-ti* était le maître des dieux chinois; qu'*Okée* est le maître des dieux des habitants de la Floride, etc., etc., et pour conclure, comme il l'a déja fait, que le dieu suprême de chacun de ces peuples était *le vrai Dieu, et le même vrai Dieu que le vrai Dieu* des chrétiens! Ensuite il nous donne seize autres pages de citations, pour prouver que le culte des divinités inférieures de ces pays *était au fond le culte des anges et des saints*, ainsi qu'il l'a d'abord établi.

Heureusement, encore une fois, que nous sommes dans un pays de tolérance, malgré M. l'abbé de La Mennais, sans cela nous croirions déja voir le bûcher tout prêt pour lui et son livre!

Pour tirer maintenant les conséquences des faits que nous venons d'établir, ajoute M. l'abbé de La Mennais, *on voit d'abord la nécessité du culte, de l'adoration, de la prière, et du sacrifice, prouvée par le* CONSENTEMENT UNANIME DES PEUPLES (page 143).

Il nous semble qu'on pouvait prouver cette nécessité avec moins de maladresse, et d'une manière plus utile pour le christianisme. Ce *consentement unanime des peuples* n'existe pas pour une seule croyance, il est pour un culte différent chez chaque peuple; et nous sommes bien certain que, si M. l'abbé de La Mennais voyageait dans la Floride, il ne ferait pas abjuration du Dieu des chrétiens pour adopter la croyance d'*Okée*; et quoique *le consentement unanime du peuple floridien* soit pour ce prétendu dieu, M. de La Mennais ne voudrait jamais *consentir* à le reconnaître et préférerait les honneurs du martyre.

Que nous offre encore l'idolâtrie de constant et d'universel? dit de plus M. l'abbé de La Mennais; *sur quoi fut-elle toujours fondée? Premièrement sur la croyance traditionnelle que le monde était gouverné, sous l'empire d'un Dieu suprême, par une multitude d'esprits de différents ordres, d'esprits bienfaisants dont il importait de rechercher la protection, et d'esprits mauvais dont on devait craindre la malice et la haine; secondement sur la croyance également traditionnelle de l'immortalité de l'ame. On était persuadé que les hommes vertueux, élevés après la mort à un haut degré de gloire et de puissance, continuaient de prendre intérêt à ce qui se passait sur la terre, et qu'il était utile de les invoquer. Qu'on examine, tant qu'on voudra,* NOUS LE DISONS AVEC UNE PLEINE

ASSURANCE, *jamais on ne trouvera d'autres croyances universelles dans l'idolâtrie: et qu'est-ce que ces croyances*, SINON LA DOCTRINE DES ANGES ET DES SAINTS (pages 144 et 145)?

On voit que dans la maladresse

Il suffit qu'on débute;
Une chute toujours entraîne une autre chute.

Mais où veut en venir M. l'abbé de La Mennais avec *sa pleine assurance?* Veut-il établir que toutes les religions sont les mêmes *au fond*, sauf quelques différences peu importantes dans les formes? veut-il établir que tous les cultes honorent le même *vrai Dieu*, les mêmes *anges*, les mêmes *saints*, sauf la différence des noms?.... Mais, si cela était, ce serait bien le cas de prêcher la tolérance; aucune croyance ne serait criminelle au fond; et pour quelques formes peu importantes, ou quelques différences dans les noms, ce n'aurait guère été la peine d'égorger autant de monde que la diversité des croyances en a fait égorger, et que les intolérants en voudraient encore faire égorger (1)!

---

(1) On peut affirmer, sans exagération, que la popu-

Cependant une chose nous embarrasse : si le roi des Pays-Bas et le roi de Prusse étaient en guerre, et que les armées belligérantes criassent, l'une : *Vive le roi des Pays-Bas,* et l'autre : *Vive le roi de Prusse;* M. l'abbé de La Mennais irait-il au milieu d'eux leur dire : Mes amis, vivez en paix : le roi de Prusse et le roi des Pays-Bas, c'est la même chose au fond ; il n'y a que quelques légères différences dans les noms et dans les formes auxquelles il ne faut pas s'arrêter !...... Ce serait bien pour l'humanité, sur-tout s'il parvenait à persuader tout le monde ; mais malheureusement il est difficile de croire qu'il se conduirait ainsi, et tout aussi difficile de supposer qu'il réussirait à convaincre les deux armées.

Mais, dira M. l'abbé de La Mennais, vous comparez là des choses incomparables ; quelque respect que j'aie pour les rois, il est évident, il est palpable, qu'il y en a plusieurs de véritables, tandis qu'il n'y a qu'un seul vrai

---

lation du monde serait vingt fois plus considérable sans les guerres et les massacres que les différences de religion ont causés.

Dieu! Sans doute; mais nous ne croyons pas qu'il viendrait plutôt à bout de persuader les Floridiens et les Chinois que *Xam-ti* est le même vrai dieu qu'*Okée*, qu'il ne parviendrait à convaincre les Prussiens et les Hollandais que le roi de Prusse est le même souverain que le roi des Pays-Bas.

Après avoir fait les pompeux éloges qu'on vient de voir de l'idolâtrie, M. l'abbé de La Mennais veut ensuite la renverser de fond en comble; et comme l'adresse ne se dément jamais, il en met tout autant pour la renverser qu'il en a mis pour l'élever; écoutons-le.

Mais allons plus avant : considérons l'idolâtrie en elle-même, dans ce qui la constituait essentiellement. La moindre attention suffit pour faire d'abord reconnaître qu'elle n'était point, à proprement parler, une religion, mais seulement un culte superstitieux; car de quoi se compose nécessairement toute religion? de dogmes, de morale, et de culte. Chacune de ces trois choses, prise à part, n'est pas plus une religion, que l'entendement, le cœur, et le corps, envisagés séparément, ne sont l'homme..... (pages 146, 147, 148, 149). *Or le paganisme n'avait point de dogmes* (page 149), *aucune loi morale* (page 150), *aucune autorité réelle* (page 153), *il manquait d'unité* (page 155).

Il est ici-bas des hommes qui sont de bonne composition, et qui croiront tout ce que M. l'abbé de La Mennais voudra; ils le prieront seulement de faire un petit effort et de s'accorder avec lui-même; et s'il n'avait déclaré que l'excellent M. L....... de la Quotidienne, et même l'impartial M. A., du Journal des Débats, ne comprennent pas un seul mot à son ouvrage, ils auraient pu pousser le zèle jusqu'à supplier ces messieurs de l'aider de tous leurs petits moyens pour atteindre ce difficile résultat; comment peut-il se faire que l'idolâtrie n'ait point de *dogmes*, et qu'elle *croie à la nécessité du culte et au besoin des expiations* (page 30)? *aucune loi morale*, et qu'elle *croie aux peines et aux récompenses futures* (ib.)? aucune *autorité réelle*, et qu'elle ait *le consentement unanime des peuples* ou *le témoignage universel* (ib. et page 143)? qu'elle *manque d'unité*, et qu'elle *conserve la notion d'un Dieu unique, du vrai Dieu* (page 30)? qu'elle *ne confondait nulle part les esprits bons et mauvais, qui n'étaient au fond que les anges et les saints* (pages 108, 144, et 145), *avec le Dieu suprême, le vrai Dieu......* (page 109). On avouera qu'avec la meilleure volonté du monde, on ne peut concilier ce qui est inconciliable; et que, lors même que M. A., et M. L...... *comprendraient* l'ouvrage de M. l'abbé de La Mennais, et qu'il n'y aurait pas *certitude absolue que les matières philosophiques ne sont point de leur compétence* (1), il leur serait impossible d'accorder cet auteur avec lui-même.

Afin de rendre ce qu'il avance beaucoup plus clair, M. l'abbé de La Mennais remonte à cheval, et se met de nouveau à parcourir tous les pays du monde; par-tout où, dans son premier voyage (2), il a trouvé un dieu suprême, qu'il croyait toujours le même, sauf la diversité de nom et de culte, maintenant il en voit un différent à cause de la diversité de nom et de culte, quoique ce soit le même que celui qu'il avait d'abord trouvé; et, après nous avoir donné neuf pages de noms d'auteurs et de noms de pays, nous avoir rappelé les divers dieux qui y ont été vénérés tour-à-tour, il re-

---

(1) Voyez page 21 de ce volume.
(2) Voyez page 136 de ce volume.

vient de *l'Égypte,* de *la Tartarie,* de *l'Inde,* du *Thibet,* du *Tunquin,* de *la Chine,* de *la Corée,* du *Japon,* etc., etc., etc., avec une nombreuse pacotille de notes ; et après avoir fait *suer sang et eau* à son pauvre lecteur, il lui dit : *Quelle confusion immense! quel épouvantable chaos!* (page 163)..... et certes, pour cette fois, tout le monde fait chorus et se range de son avis!

CHAPITRE XI.

Les protestants assimilés aux idolâtres.—La vérité rétablie sur les protestants.—Variations diverses du christianisme. — Variations du catholicisme. — Population du monde divisé par culte. — —Bons effets de la philosophie. — Résultat de l'intolérance.—Variations des idolâtres.—Troisième voyage de M. l'abbé de La Mennais autour du monde.—Intolérance des païens.—Intolérance des catholiques.

Vers le milieu du même chapitre, M. l'abbé de La Mennais nous dit : *Dès qu'on eut cessé d'obéir à la loi que proclamait la tradition universelle,* IL N'EXISTA PLUS AUCUNE LOI. *Chacun se créa la sienne à son gré, et l'idolâtrie n'était qu'un culte individuel comme* LE PROTESTANTISME N'EST QU'UNE DOCTRINE INDIVIDUELLE, *une opinion incertaine et variable; et* DE MÊME QUE CHEZ LES PAÏENS, *chaque homme avait ou pouvait avoir ses dieux et son culte particulier,* CHAQUE HOMME A, *ou peut avoir* SES OPINIONS ET SA DOCTRINE PARTICULIÈRE CHEZ LES PROTESTANTS. *Nul accord entre ceux-ci, non plus qu'entre ceux-là; et* LA FAI-

BLESSE DU COEUR, *abandonné sans règle à lui-même,* N'ENFANTA PAS PLUS DE CULTES, *ni des cultes* PLUS MONSTRUEUX PARMI LES IDOLATRES, *que la faiblesse de l'esprit livré aussi sans règle à lui-même,* N'ENFANTE *tous les jours* D'OPINIONS MONSTRUEUSES *dans le* PROTESTANTISME, *qui n'est au fond qu'une* SORTE D'IDOLATRIE *spirituelle, dans laquelle* L'HOMME, *après avoir* FAIT UN DIEU DE SA RAISON, *consacre et* ADORE TOUTES SES PENSÉES, *comme le païen consacrait et adorait toutes ses passions* (page 164).

Voilà un petit passage tout-à-fait digne de M. l'abbé de La Mennais; personne dans aucun temps ni dans aucun pays ne le lui revendiquera, et il est bien à lui complétement et parfaitement, sans qu'on puisse craindre que qui que ce soit veuille jamais l'en dépouiller.

Une seule chose nous embarrasse : avant de faire les remarques dont ce petit passage sera l'objet, nous voudrions avoir la certitude ou que l'auteur ne connaît point le protestantisme, ou qu'il avait une absence d'esprit au moment où il a tracé ces quelques lignes; car dans l'un et l'autre de ces deux cas il serait excusable, jusqu'a un certain point, d'avoir émis de pareilles assertions.

S'il ne connaissait pas le protestantisme, ces assertions ne seraient que ridicules, et le ridicule, quelque grand qu'il soit, n'est point criminel; car autrement, de nos jours, même en quintuplant tous nos tribunaux, ils seraient encore insuffisants pour en faire justice partout où il se trouve; s'il avait eu une absence d'esprit, il serait encore bien moins répréhensible, et il faudrait se borner à plaindre la pauvre humanité qui n'est jamais bien certaine de conserver sa raison.

Mais s'il connaît le protestantisme, et qu'il n'ait point eu d'absence d'esprit, nous ne pouvons plus nous permettre de lui donner la qualification qu'il mérite pour avoir écrit un pareil passage; et nous la lui laisserons donner par tout lecteur honnête et sensé.

Il ne nous convient point d'examiner si *dès qu'on eut cessé d'obéir à la loi que proclamait la tradition universelle, il n'exista plus aucune loi;* ce serait s'arrêter à un point au moins inutile à traiter ici, et bien plus qu'inutile dans l'ouvrage qui nous occupe; nous aurons d'ailleurs bien assez à dire et à faire pour rétablir la vérité sur le protestantisme.

Dans un siècle ou dans un pays plus ignorant que le nôtre, il serait aussi facile, sur-tout avec les moyens de la force, de faire croire aux hommes en général que *le protestantisme est une idolâtrie* ou *ressemble à l'idolâtrie, ou doit être assimilé à l'idolâtrie*, que de leur persuader qu'il mange du pain trempé dans du sang et qu'il dévore les enfants et les femmes (1); mais en France, de nos jours, l'une de ces assertions est aussi difficile à faire croire que l'autre, même aux hommes les moins éclairés.

Le protestantisme adore un Dieu unique qui n'est pas un autre Dieu que le vrai Dieu du catholicisme; il croit à la même bible que le judaïsme, ainsi que toute la chrétienté; et à l'évangile qui est absolument le même évangile que celui des catholiques. De sorte que la sainte Écriture est son seul guide, sa seule loi, sa seule règle.

Il rejette l'autorité de l'Église et l'infaillibilité

---

(1) Voyez notre Examen critique des tomes I et II, pages 92 et 98.

du pape, les canons des conciles, le pouvoir épiscopal, les écrits des pères; et pense que l'ancien et le nouveau Testament renferment les seules lois spirituelles que les chrétiens doivent suivre; que tout le reste n'est que temporel et individuel; que les évêques et les religieux n'ont été que des hommes, qui ont compris et expliqué les points en litige dans l'Église d'après leurs lumières, et avec plus ou moins d'habileté, selon les temps où ils vécurent; que chaque homme a le même droit qu'eux d'examiner et d'interpréter l'ancien comme le nouveau testament avec ses lumières particulières, et de n'adopter que les règles de conduite qu'il juge les plus convenables pour faire son salut.

De là sont nées un grand nombre de sectes qui varient entre elles sur un ou plusieurs points, mais qui toutes adorent le même Dieu et prennent pour base de leur croyance et de leur conduite la même bible ainsi que le même évangile des autres sectes protestantes et du catholicisme lui-même.

Or, peut-on assimiler cela au paganisme? Peut-on dire qu'il n'existe *pas plus d'accord entre les protestants*, qui adorent le même Dieu et suivent la même loi, *qu'il n'en existe parmi les païens*, qui ont une population de dieux divers, et une immense quantité de lois différentes? Peut-on dire que *le protestantisme n'est au fond* QU'UNE SORTE D'IDOLATRIE, tandis qu'il n'est réellement au fond que l'adoration du vrai Dieu des catholiques, et que la foi dans la sainte Écriture? Peut-on émettre que *la faiblesse du cœur, abandonné sans règle à lui-même, n'enfanta* PAS PLUS *de cultes, ni* DES CULTES PLUS MONSTRUEUX *parmi les* IDOLATRES, *que la faiblesse de l'esprit, livré aussi* SANS RÈGLE *à lui-même, n'enfante tous les jours* D'OPINIONS MONSTRUEUSES *dans le* PROTESTANTISME?..... En vérité, c'est parler aux hommes comme s'ils n'étaient pas plus éclairés que les enfants qui viennent de naître; ou plutôt c'est leur parler comme un écrivain qui a totalement perdu la raison!

Mais si quelques variations dans les pratiques religieuses et sur quelques points de la doctrine, caractérisaient des *opinions monstrueuses*, et constituaient des cultes différents ainsi que des dieux particuliers, quoiqu'en adorant le même Dieu et en prenant la même loi pour règle de conduite, n'y aurait-il que les protestants qu'on pourrait accuser de cette variation?..... Il y a autant de différence entre notre Église catholique gallicane et l'Église catholique ultramontaine, qu'il y en a entre l'Église protestante anglicane et notre Église catholique. L'Église grecque et orientale, l'Église de la confession d'Augsbourg et quelques autres, n'offrent pas plus de différences entre elles, que celles de France et d'Autriche avec celles d'Espagne et d'Italie.

Mais que disons-nous? Sans aller si loin, sans sortir de France, le Bréviaire, les Heures, le Catéchisme d'un diocèse, ne valent plus rien pour un autre! le plus grand saint d'une ville est inconnu dans une ville voisine! les cérémonies varient à l'infini! des pénitents de toutes couleurs, des congrégations de toutes sortes, suivent des règles différentes! A Marseille, les processions de la Fête-Dieu sont simples et sans déguisement, et à cinq lieues de là, dans la ville d'Aix, il s'y mêle de véritables mascarades, où les *grands* et les *petits diables*, les *grands* et *petits danseurs*, les *anges*, la *Mort*, les *batonistes*, le *jeu du chat*, et une foule d'autres récréations, qui rappellent les cérémonies païennes, y sont introduites, quoique dans le même diocèse, sans qu'on l'ait jamais trouvé mauvais!..... Peut-on inférer de là qu'on est catholique à Marseille et qu'on ne l'est pas à Aix?..... Non, certes; chaque pays, chaque ville, chaque réunion d'hommes, peut adopter quelques usages particuliers, sans cesser de servir le même Dieu, ni de suivre le même culte! Mais s'il en est ainsi pour les catholiques, pourquoi n'en serait-il pas de même pour les protestants? Serait-ce parceque les réunions qui diffèrent sur quelques points, se distinguent par une dénomination particulière? Quoi! le nom ferait plus que la chose!..... En vérité, l'on ne peut se persuader cela; car autrement une réunion de païens pourrait être catholique, en disant seulement qu'elle l'est, et continuer d'adorer ses dieux particuliers, en leur donnant seulement la qualification de saint!

Mais allons plus loin. Est-ce que les noms mêmes ne sont pas aussi différents que les règles dans les corporations religieuses et dans les diocèses de la catholicité? ou plutôt chaque différence de règle ou de doctrine n'entraîne-t-elle pas avec elle une dénomination particulière? Qu'étaient donc les molinistes et les jansénistes? Est-ce qu'ils n'étaient catholiques ni les uns ni les autres? Les dominicains, les récolets, les chartreux, les trappistes, les carmes, etc., etc., etc., et vingt pages d'etc., au moins, ne suivaient-ils pas des règles aussi différentes entre elles que celles des sectes protestantes? Cessaient-ils pour cela d'adorer le même Dieu? de suivre la même loi? en un mot, d'être catholiques?..... On ne l'a point encore avancé; il est peut-être réservé à M. l'abbé de La Mennais de le soutenir; il faut donc l'attendre.

M. l'abbé de La Mennais est tellement persuadé que les *protestants* sont des *idolâtres*, ou doivent être assimilés aux *idolâtres*, que, dans son ouvrage, il a un chapitre qui traite du *judaïsme et du peuple juif*, que nous avons examiné plus haut, et qu'il ne traite du *protestantisme* que dans son chapitre intitulé : *des Cultes idolâtriques !* Il croit même le protestantisme si peu nombreux, si peu important, si peu dissemblable de l'idolâtrie, qu'il ne le fait pas figurer sur le titre de son chapitre!..... Cependant il n'existe dans le monde, d'après un calcul récemment fait, que *deux millions cinq cent mille juifs*, tandis qu'il y existe *cent dix millions de chrétiens qui ne sont pas catholiques*; ils méritaient peut-être aussi un chapitre particulier, ne fût-ce que pour ne pas augmenter le nombre des *idolâtres*, qui s'élève à lui seul à *six cent cinquante-sept millions cinq cent mille individus*, tandis que les *catholiques* ne forment qu'un nombre de *quatre-vingt-dix millions* (1).

Il serait certainement desirable que la religion la plus sage, la plus capable de rendre l'homme heureux et vertueux, se propageât d'un bout du monde à l'autre; il y aurait alors plus d'accord et plus d'humanité chez tous les peuples et entre tous les peuples; mais, pour parvenir à ce résultat, qui n'est pas impossible, il fau-

---

(1) D'après le même calcul, il y a de plus dans le monde *cent quarante millions de mahométans*. Mais les mahométans et les Juifs, par superstition, ne se comptent pas; c'est même un péché pour eux de compter le nombre de leurs enfants; ainsi ce calcul ne peut être qu'approximatif.

drait ne faire valoir sa croyance qu'avec douceur et modération; l'insinuer par le raisonnement, et ne jamais l'imposer par la contrainte; se bien garder de déverser le mépris ni l'insulte sur les autres; écouter les objections et s'y rendre lorsqu'elles seraient évidemment justes. Les concessions que les uns feraient à la raison, au bon sens des autres, obtiendraient une réciprocité immense pour la croyance la plus sage, la plus utile; et les hommes finiraient par ne plus former qu'une seule famille, qui reconnaîtrait le même Dieu et la même loi.

Il est inutile d'ajouter que ce ne serait qu'en introduisant la philosophie dans la religion, qu'on pourrait se flatter avec le temps d'obtenir un résultat aussi important; la philosophie est l'amie inséparable de la raison, de la justice, et de l'humanité; tout ce qu'on dira pour obscurcir cette vérité resplendissante ressemblera aux vagues de la mer qui viennent se briser contre le roc indestructible.

Mais avec l'intolérance, la déraison, l'injure, qu'espère-t-on faire? Croit-on réunir les esprits? Se flatte-t-on d'adoucir les mœurs? de rendre les

hommes plus vertueux et plus humains?.....
On serait tout aussi fondé de croire que le supplice donne la vie, que les tortures sont la source des jouissances les plus douces, que la sottise peut l'emporter sur la raison, que les grossièretés sont plus estimées que les politesses.

Après le merveilleux passage de M. l'abbé de La Mennais sur les protestants, il en revient aux idolâtres, pour prouver ce que tout le monde sait, qu'ils varient entre eux sur les dieux qu'ils adorent et les cultes qu'ils exercent. Il appelle cette variation un défaut *d'unité;* comme s'il n'y avait pas *unité* de croyance et de culte entre tous ceux de ces idolâtres qui reconnaissent les mêmes Dieux et suivent les mêmes lois!

Il entreprend encore, pour la troisième fois, le même voyage qu'il a fait d'abord pour prouver qu'ils adoraient un Dieu unique, ensuite pour prouver qu'ils n'adoraient pas un Dieu unique, et maintenant pour prouver que leurs cultes, différents entre eux, s'excluent et se proscrivent les uns les autres, au point de causer l'extermination souvent d'un peuple entier.

Ces déplorables cruautés d'une barbarie sanglante ne peuvent point justifier les nôtres, ni en autoriser le coupable retour ! Elles doivent au contraire nous faire encore mieux sentir tout le prix de la civilisation, et nous rendre plus justes, plus humains, plus tolérants les uns envers les autres.

Faisons des prosélytes par notre raison, par notre vertu; que les peuples moins civilisés apprennent à desirer notre félicité, et ils ne tarderont pas à vouloir la partager; alors notre croyance, ainsi que nos doctrines, s'étendront peu à peu sur tout le globe, comme une lumière douce et bienfaisante, pour la gloire et le bonheur de tout ce qui respire.

Parceque les Égyptiens, les Perses, les Grecs, les Romains se persécutaient pour leurs croyances, parceque les innombrables populations d'une grande partie de l'Afrique, de l'Asie et de l'Amérique se persécutent encore, est-ce une raison pour que la vieille Europe, dont la civilisation forme un si grand contraste avec la barbarie de ces contrées du monde, imite les effroyables cruautés qui s'y commettent, au lieu de leur donner l'exemple de la justice et de la vertu ?..... Il ne peut y avoir ni bon sens, ni religion, qui puisse porter à le croire.

Et c'est dans ce siècle, qui, malgré M. l'abbé de La Mennais et quelques uns des siens, est véritablement un siècle éclairé, sur-tout pour la partie du globe que nous habitons, c'est dans ce siècle qu'on a la hardiesse, la témérité de soulever de pareilles questions et d'émettre de pareils vœux? Quoi! il est encore en Europe, en France même, des hommes qui peuvent desirer l'intolérance et ses tortures? La postérité voudra-t-elle le croire? Nos voisins pourront-ils se le persuader, lorsque nous-mêmes, qui habitons le centre de Paris, et qui faisons si peu de cas des hommes en général, nous ne pourrions y ajouter foi, si nous ne tenions entre nos mains le livre de M. l'abbé de La Mennais!

Mais, dit cet auteur, l'intolérance, l'inquisition, sont des fantômes dont on effraie les peuples; nulle part on ne tolère le meurtre et la spoliation; nulle part on ne s'interdit la condamnation des criminels; la société a toujours eu le droit de veiller à sa conservation.

Et qui parle de tolérer le meurtre et la spoliation? Qui prétend contester la triste nécessité du cours de la justice? Mais peut-on confondre la justice, qui frappe les actions criminelles, venge les victimes, et satisfait à la vindicte publique, avec la monstrueuse intolérance, qui nous fait un crime de notre pensée, de notre jugement, de notre raison; et qui ne trouve point de supplice assez cruel, assez douloureux pour nous en rendre les innocentes victimes, alors que nous avons mené une vie irréprochable, que nous n'avons enfreint ni les lois de l'équité, ni celles de la morale?...... En vérité le cœur se soulève, la raison s'emporte, le sang semble circuler en sens inverse quand on lit de pareilles monstruosités!

Et c'est non seulement un Français, un des enfants de cette belle patrie qui a tant contribué à répandre les lumières et, avec elles, l'amour de la vertu, de la raison, de la sagesse; c'est non seulement un Français, mais encore c'est un ecclésiastique qui ne craint pas de publier de pareilles atrocités et de les avouer!

Celui qui devrait ne faire entendre que des paroles d'union et de paix souffle de toutes ses forces la désunion et le trouble !..... Un pareil rénversement de l'ordre passe l'imagination et ne peut se concevoir !

CHAPITRE XII.

Le protestantisme et l'idolâtrie n'ont point d'universalité. — Conséquence de cette prétention de M. l'abbé de La Mennais. — Intolérance civile des cultes idolâtriques. — Encore des injures pour les protestants. — Nouvelle justification des protestants.

Le but de M. de La Mennais est de plus, dans ce chapitre, de prouver que l'idolâtrie ni le protestantisme n'ont point *l'universalité* qui appartient au catholicisme.

C'est encore là une dispute maladroite sur les mots, qui ne peut être d'aucun bénéfice pour la religion, qui ne combat point du tout l'indifférence sur cette matière, et qui ne prouve rien.

Si, par *l'universalité*, l'auteur prétendait dire que le catholicisme est plus répandu que l'idolâtrie, et que par cette raison le catholicisme est préférable à l'idolâtrie, l'erreur serait double, et chacune de ses moitiés serait énorme.

Nous avons rappelé plus haut qu'il n'y a

que quatre-vingt-dix millions de catholiques au monde, tandis qu'il y existe six cent cinquante-sept millions cinq cent mille idolâtres, cent quarante millions de mahométans, cent dix millions de chrétiens non catholiques, et deux millions cinq cent mille Juifs; or, d'après cela, il est aussi clair que le jour que *l'universalité* n'existe pas sous ce rapport pour le catholicisme.

De l'autre côté, s'il a voulu s'appuyer sur cette base pour établir que *l'universalité*, ou le plus grand nombre de croyants à une religion, doit lui attirer la préférence, ce serait un fort mauvais moyen; car, d'après ce principe, les idolâtres étant plus nombreux, il faudrait se faire idolâtre, et nous ne croyons pas que personne soit jamais tenté d'un pareil changement.

Si M. l'abbé de La Mennais entend par *l'universalité*, que le catholicisme a existé avant l'idolâtrie, et doit se perpétuer, il nous permettra de ne pas lui répondre; et nous croyons que ceux qui sont ses meilleurs amis ne l'approuveront pas d'agiter de pareilles questions qui sont, ainsi que nous l'avons déja dit, pour le moins inutiles. Il suffit qu'une religion soit bonne pour qu'on doive la suivre et la conseiller à ceux qui en pratiquent une qui ne la vaut pas ; hors de là, tout est non seulement inutile, mais maladroit, mais dangereux pour la cause qu'on prétend servir.

Après sa nouvelle revue, M. l'abbé de La Mennais ajoute : *Ainsi les* CULTES IDOLATRIQUES S'EXCLUAIENT *mutuellement;* LA TOLÉRANCE CIVILE *même* AVAIT DES BORNES ASSEZ ÉTROITES, *comme le prouve l'exemple des Perses, des Égyptiens et des Romains;* LES PAÏENS SE TRAITAIENT *les uns les autres* D'HOMMES IMPIES ET SUPERSTITIEUX ; *chaque* CULTE *particulier était regardé comme* ABSURDE, *ou comme* SACRILÈGE *par les sectateurs des* AUTRES CULTES, *c'est-à-dire par* PRESQUE TOUT LE GENRE HUMAIN. *A cet égard* L'IDOLATRIE RESSEMBLAIT *encore* AU PROTESTANTISME : *de même que* LES PROTESTANTS S'ÉLOIGNENT TOUS DE LA VÉRITÉ, *mais par différentes voies, l'un affirmant ce que l'autre nie, et niant ce qu'il affirme,* ainsi LES IDOLATRES S'ÉLOIGNENT DU VRAI CULTE, *mais non de la même manière, l'un adorant ce que l'autre déteste, et détestant ce que l'autre adore : de sorte que si l'on consulte tous les peuples et toutes les sectes,* CHAQUE FAUX

CULTE EST CONDAMNÉ *par le* TÉMOIGNAGE GÉNÉRAL DES IDOLATRES ; *et* CHAQUE HÉRÉSIE *par le* TÉMOIGNAGE GÉNÉRAL DES PROTESTANTS (pages 170, 171, 172).

C'est précisément parceque les païens étaient *intolérants*, c'est précisément parceque *leurs cultes s'excluaient mutuellement*, c'est précisément parcequ'*ils se traitaient les uns les autres d'hommes impies et superstitieux*, c'est précisément parceque *chaque culte particulier était regardé comme absurde ou comme sacrilége, par les sectateurs des autres cultes*, que nous, qui avons le bonheur d'être plus civilisés qu'eux, d'être élevés dans des croyances qu'on ne peut comparer aux leurs, nous devons nous attacher à n'avoir aucun de leurs défauts et de leurs torts, à nous tolérer mutuellement, à nous reconnaître le droit réciproque d'une liberté de penser illimitée, à nous traiter avec douceur, avec modération, à regarder les hommes qui ont une autre croyance que la nôtre, ou qui diffèrent avec nous sur quelques points de doctrine, comme libres d'en agir ainsi, et avec d'autant plus de raison, que nous ne sommes que des hommes comme eux, et qu'ils peuvent aussi bien nous croire dans l'erreur que nous nous permettons de les y croire eux-mêmes.

L'erreur qui ne nuit à personne, ne peut jamais être raisonnablement ni honnêtement considérée comme un délit, encore bien moins comme un crime; et aucune loi conséquemment ne peut ni ne doit l'atteindre.

Nous avons déja fait remarquer l'inexactitude énorme, l'inconvenance condamnable, la *contre-vérité* inouïe (qu'on nous passe cette locution pour ne pas prendre un mot moins modéré) dans lesquelles M. l'abbé de La Ménnais tombe en assimilant les protestants aux idolâtres; nous ne nous répéterons pas; mais comment peut-il dire encore qu'*ils s'éloignent tous de la vérité*, puisqu'ils croient tous en Dieu, à la bible et à l'évangile? Parcequ'ils ne sont pas d'accord sur quelques points de doctrine, peut-on conclure qu'ils se condamnent mutuellement sur tous les points; c'est-à-dire qu'ils se réunissent tous tour-à-tour, moins une secte, pour condamner le point particulier qui distingue chaque secte; et qu'ainsi ils détruisent pièce à pièce la totalité de leurs croyances?....voilà de ces assertions qu'on ne s'attend guère à voir émettre en ce temps-ci.

On voit dans ce passage que M. l'abbé de La Mennais reconnaît un *témoignage général* aux *idolâtres*, et un *témoignage général* aux *protestants*; que le lecteur s'en souvienne, attendu que nous verrons sans doute bientôt, ainsi que nous l'avons déja vu, qu'il n'y a de *témoignage général* que pour le *catholicisme*; car il serait trop extraordinaire que l'auteur cessât de se contredire.

En attendant, il nous dit: *Au reste, pour montrer que jamais le caractère d'universalité n'appartint au paganisme*, IL N'ÉTAIT PAS BESOIN DE TANT DE PREUVES. *Il suffisait de faire observer qu'une* COLLECTION DE CULTES *entièrement différents, comme un assemblage d'opinions contraires, excluent essentiellement l'idée de l'universalité. Des croyances, des cultes opposés ne sauraient être universels; autrement il faudrait soutenir que des cultes incompatibles sont le même culte; que des croyances contradictoires sont une même croyance; en un mot, il faudrait* TOMBER DANS UN EXCÈS DE FOLIE, *qu'on ne peut pas même supposer possible* (page 192).

On voit que M. l'abbé de la Mennais met un grand prix à *l'universalité* : il la conteste à l'idolâtrie, comme si l'idolâtrie pourrait être une excellente croyance, dans la supposition où elle aurait cette universalité qu'il lui conteste! il assure qu'il *n'était pas besoin de donner tant de preuves*: alors pourquoi les a-t-il données? il nous dit que l'idolâtrie se compose d'une *collection de cultes entièrement différents*: le mot de *collection* n'est peut-être guère convenable, mais l'auteur y tient, car il a déja trouvé que les croyances divines tolérées en France formaient aussi une *collection* (1), et il a voulu nous donner la collection des cultes idolâtriques pour servir de pendant à celle-là.

Il existe une grande ligne de démarcation entre les cultes qui s'adressent à un Dieu unique et ceux qui s'adressent à des idoles; on peut dire, sans avancer une assertion dont on puisse raisonnablement contester la vérité, que les Juifs, les catholiques, les protestants, les musulmans, ont les mêmes croyances, sauf quelques variations entre elles; et que tous les ido-

---

(1) Voyez notre Examen des tomes I et II, page 47.

lâtres suivent les mêmes cultes, sauf quelques différences entre eux.

Quant à *l'universalité* par rapport à l'étendue du pays que l'une de ces deux grandes masses de croyances occupe, au nombre d'individus qui la partagent, elle appartient à l'idolâtrie plutôt qu'à la masse des croyances divines, puisqu'elle occupe des pays infiniment plus vastes, et qu'elle a le double de sa population.

Ensuite si l'on compte l'étendue du pays, et la population de chaque culte idolâtrique en particulier, on en trouvera sans aucun doute qui auront sous ces rapports l'avantage sur chacune des croyances divines.

Si l'on considère *l'universalité* sous le rapport de l'ancienneté de chaque culte, l'arbre généalogique des idolâtres peut être aussi bien dressé que celui de la chrétienté, puisque son origine se perd dans la nuit des temps.

Ainsi cette *universalité*, sous quelque rapport que ce soit, ne prouve rien et n'est qu'une inutilité et une maladresse de plus dans le livre de M. l'abbé de La Mennais.

Il assure que *des croyances, des cultes opposés ne sauraient être universels;* alors pourquoi s'est-il donné la peine, dans son premier voyage autour du monde (1) de nous faire voir dans tous les cultes idolâtriques comme non idolâtriques, les mêmes croyances à *un Dieu unique* aux *bons et mauvais anges*, à *l'immortalité de l'ame*, aux *peines et aux récompenses futures*, à *la nécessité du culte et des expiations*, etc? pourquoi nous a-t-il cité à l'appui de cette assertion quatorze écrivains sacrés, Bossuet, le docte Prideaux, Thalès, Pythagore, Platon, etc? pourquoi s'est-il transporté en Grèce, en Égypte, en Phénicie, etc., etc.? Était-ce pour nous prouver qu'il n'était pas le seul qu'on vit *tomber dans un excès de folie qu'on ne peut pas même supposer possible?*.... Il faut le laisser répondre à cette question.

Afin de nous donner une nouvelle preuve de cette dernière vérité, M. l'abbé de La Mennais se hâte de *tomber* de nouveau *dans l'excès de folie qu'on ne peut pas même supposer possible*, en continuant d'assimiler les protestants aux idolâtres. *Un culte*, dit-il, *succédait à un autre culte* chez les idolâtres, *de même qu*'UNE SECTE CHEZ LES PROTESTANTS SUCCÈDE A UNE AUTRE

---

(1) Voyez la page 134 de ce volume.

SECTE ; *et comme parmi ceux-ci, il n'y a* RIEN DE PERPÉTUEL QUE LA VIOLATION DE LA LOI SUR LAQUELLE REPOSENT TOUTES LES VÉRITÉS, *il n'y avait non plus rien de perpétuel parmi les idolâtres, que la violation des devoirs qui constituent le vrai culte, les uns et les autres nous représentent un peuple qui* A CESSÉ D'OBÉIR AU POUVOIR LÉGITIME *et où chacun est son propre maître; le gouvernement, les lois, les institutions de ce* PEUPLE VIOLATEUR DE L'AUTORITÉ, *varient continuellement au gré des passions et des opinions,* RIEN N'EST STABLE QUE LE DÉSORDRE ; *tout change hors l'habitude de changer toujours;* C'EST LA PERPÉTUITÉ DU CRIME ET DE L'ANARCHIE (page 175).

Eh bien! qu'en dit le lecteur? *peut-on même supposer possible cet excès de folie?* nous ne le pensons pas; cependant, qu'on le puisse ou non, il faut bien y croire puisqu'on le lit!

Une secte chez les protestants succède à une autre secte...... quoique les principes de la réforme soient toujours les mêmes!....

Il n'y a rien de perpétuel dans le protestantisme *que la violation de la loi sur laquelle reposent toutes les vérités.....* quoique cette loi soit la sainte Écriture que le protestantisme suit à la lettre !

Ce peuple a cessé d'obéir au pouvoir légitime..... quoique le seul pouvoir légitime soit la parole de Dieu, à laquelle le protestantisme n'a jamais cessé d'obéir scrupuleusement !

Rien n'est stable, dans le protestantisme, *que le désordre.....* quoique toutes les sectes qui le composent se groupent invariablement autour de la bible et de l'évangile !

C'est la perpétuité du crime et de l'anarchie..... tandis que toutes les sectes du protestantisme se sont constamment distinguées par une soumission sans bornes au pouvoir civil; qu'on peut reprocher le contraire au catholicisme; et que c'est même ce qui lui a valu les pertes qu'il regrette amèrement !.... Quant aux expressions de M. l'abbé de La Mennais, c'est bien pour le coup qu'on n'aurait jamais pu *supposer* qu'un auteur donnât *dans un pareil excès de folie et d'extravagance*; et que la plume tombe des mains, pour ne pas l'imiter en sortant des bornes de la modération !

CHAPITRE XIII.

Calomnies de M. l'abbé de La Mennais contre la volupté.—Justification de la volupté.—Vision de l'enfer.—Troisième religion nouvelle, trouvée par M. l'abbé de La Mennais.—Temple dans le cœur de l'homme.—Explication de ce *métaphorisme.*—Lignes de démarcation entre ce qui est crime et ce qui ne l'est pas, entre ce qui est punissable et ce qui ne l'est pas.—Des crimes.—Des passions.—Des plaisirs.—De la volupté.—Des maux qui accablent l'humanité.—Le chaos de M. l'abbé de La Mennais.

Quelques lignes après, M. l'abbé de La Mennais assimile la volupté aux crimes. *Voyez, dit-il, dans Cicéron, l'affreuse peinture des divinités païennes. La haine, la vengeance,* LA VOLUPTÉ, *l'orgueil, l'intempérance, l'avarice,* CHAQUE CRIME ÉTAIT UN DIEU, *et les temples* DÉPEUPLAIENT L'ENFER (page 176)..... *Celse avoue que le culte des démons* EST SUJET A DE GRAVES INCONVÉNIENTS; *qu'il porte les hommes* A LA VOLUPTÉ, *parceque les démons eux-mêmes* SONT SENSUELS ET VOLUPTUEUX, *etc.* (page 178).

Nous conviendrons avec Celse et M. l'abbé de La Mennais que le culte des démons *doit être sujet à de graves inconvénients ;* heureusement que de nos jours, en Europe, on ne suit plus guère ce culte, à ce que nous croyons. Nous abandonnerons aussi à M. l'abbé de La Mennais l'orgueil, la haine, la vengeance; mais la douce *volupté* qu'a-t-elle fait à Cicéron, à Celse, et surtout à M. l'abbé de La Mennais, pour être aussi maltraitée par eux? pour être assimilée aux crimes, et pour être la passion des démons?.... Un des Commandements proscrit l'œuvre de chair hors du mariage; mais la douce volupté, la volupté légitime, n'est défendue nulle part; et si elle *dépeuple l'enfer,* c'est un service de plus qu'elle rend à la pauvre humanité en la transportant quelquefois au paradis !..... D'un autre côté, si les démons n'étaient que *sensuels et voluptueux*, il faudrait convenir qu'ils ne commettraient pas des crimes impardonnables !

Après avoir rappelé les fêtes païennes où une dégoûtante turpitude offensait publiquement la pudeur, ce qui, par parenthèse, ne peut pas s'appeler *volupté*, il ajoute: *En considé-*

rant ce mélange épouvantable de dissolution et de barbarie, de rites impurs et de sacrifices atroces, L'AME *consternée* DÉTOURNE SES REGARDS *de cette vaste scène d'horreur, et, se persuadant à peine qu'un pareil excès de dépravation soit possible, elle croit avoir comme* UNE VISION DE L'ENFER (page 179).

On conviendra qu'une *ame qui détourne ses regards* est une ame d'une nouvelle espèce; et qu'il serait assez curieux de voir comment il peut se faire qu'elle *regarde!.....* pour la *vision de l'enfer*, nous ne la contesterons pas; il y a beaucoup d'hommes qui l'ont de temps en temps; et, comme il n'est point d'hommes réellement sans ame, quoiqu'on en puisse dire ou croire, nécessairement leur ame doit partager leurs visions, quelles qu'elles soient.

Ici M. l'abbé de La Mennais nous assure que la corruption des bacchanales et des saturnales *existe encore sous nos yeux, et forme, au sein même des peuples éclairés par la vraie religion, cet éternel combat du bien et du mal, de la lumière et des ténèbres, qui durera autant que le monde....* Qu'est-ce, ajoute-t-il, *qu'un homme* SENSUEL, *orgueilleux, libertin, vindicatif, avare? C'est un*

SUR L'INTOLÉRANCE. 179

homme qui oublie Dieu en violant sa loi; qui le nie par ses œuvres; qui met sa passion à la place de Dieu; qui L'ADORE DANS SON COEUR et lui sacrifie tout ce qu'elle demande, et LA VIE MÊME DE SON SEMBLABLE. L'intempérance, la débauche, LE MEURTRE, tel est encore aujourd'hui LE CULTE DE CET IDOLATRE; et l'idolâtrie publique n'est qu'une grande manifestation de l'idolâtrie intérieure dont l'homme a le germe en soi.... Les anciens rapportant aux puissances invisibles..... tout ce qu'ils sentaient de bon et de mauvais en eux-mêmes, adorèrent ces divers esprits, et rendirent sous leur nom un culte à leurs propres vices. Maintenant l'homme faible ou pervers leur rend un culte direct; SES DESIRS INVOQUENT LE MAL que des êtres malfaisants suggèrent à la pensée, et SES SENS L'ACCOMPLISSENT. Les dieux, les victimes, le fond des rites, TOUT EST SEMBLABLE. Au milieu même des chrétiens L'ENFER A ENCORE SON CULTE. Mais sous le paganisme, la vraie religion, proscrite par l'autorité publique, célébrait ses mystères de paix dans l'obscurité des catacombes, ou d'une église solitaire. Sous la vraie religion, L'IDOLATRIE, proscrite par l'autorité publique, CÉLÈBRE SES MYSTÈRES DE CRIME ET D'INFAMIE dans le secret d'une retraite obscure, ou *dans* LES TÉNÈBRES PLUS PROFONDES DU COEUR DE L'HOMME; *il n'y a de différent que l'ordre où se présentent* CES DEUX RELIGIONS *dans la société;* ELLES ONT CHANGÉ DE PLACE : VOILA TOUT (pages 179, 180, 181).

Dans la préface de son tome II, M. l'abbé de La Mennais nous a fait connaître (1) *deux religions nouvelles*; en voici une de plus dont on ne soupçonnait guère l'existence !.....

....Et trois !
Quand nous serons à dix nous ferons une croix.

Mais cette troisième a un temple assez bien caché, à ce qu'il paraît ! *elle célèbre* SES MYSTÈRES DE CRIME ET D'INFAMIE *dans le secret d'une* RETRAITE OBSCURE, *ou dans les* TÉNÈBRES PLUS PROFONDES DU COEUR DE L'HOMME !..... Comment donc M. l'abbé de La Mennais a-t-il pu faire pour la découvrir ? est-ce qu'il a été admis dans *la retraite obscure* dont il s'agit ? s'y est-il fait initier, comme certains *moutons*, afin de la trahir ? et, si cette *retraite* est *obscure*, comment a-t-il donc pu faire pour y voir ? est-ce

---

(1) Voyez notre Examen critique des tomes I et II, page 125.

qu'il y faisait nuit et jour en même temps ? pourquoi ne nous indique-t-il pas cette retraite où nous pourrions voir non seulement des mystères si effroyables et les empêcher, mais encore où nous pourrions admirer un phénomène aussi extraordinaire que celui d'une claire obscurité ?..... Cependant il paraît qu'il n'est pas très certain du lieu et même de l'existence de cette retraite obscure et claire tout à-la-fois ; car il ajoute, *ou dans les ténèbres plus profondes du cœur de l'homme !*..... Oh ! pour le coup, c'est encore plus fort ! Quoi ! M. l'abbé de La Mennais y voit *dans des ténèbres encore plus profondes ?* et, qui plus est, dans celles du *cœur de l'homme ?*..... Il faut convenir que le lynx est une taupe à côté de M. l'abbé de La Mennais !

Mais il est possible que la fenêtre par laquelle Momus (1) désirait qu'on pût voir dans le cœur humain soit maintenant ouverte ; et que l'auteur de l'Essai sur l'Indifférence en

---

(1) On sait que Vulcain ayant fait un homme et l'ayant montré à Momus, ce dernier lui dit qu'il aurait désiré que cet homme eût une fenêtre au cœur, afin qu'on pût connaître ses véritables sentiments.

matière de religion ait regardé par cette fenêtre que personne n'a encore aperçue que lui. Et qu'y a-t-il donc vu? Un temple d'idolâtres! le temple n'est pas trop spacieux, et les idolâtres qui s'y réunissent n'y sont probablement pas au nombre vingt, et ne doivent être visibles qu'avec un microscope! N'importe, ils n'en sont pas moins des idolâtres qui *célèbrent les mystères de crime et d'infamie du culte de l'enfer!*

Mais quels sont ces *mystères de crime et d'infamie* qui constituent *le culte de l'enfer?* les voici.

L'homme commence par prendre son cœur avec l'une de ses mains, il le pose par terre; le cœur devient alors aussi spacieux qu'il le faut pour que l'homme puisse y entrer et s'y promener à l'aise avec ses amis, parents et connaissances; ou l'homme sans cœur devient aussi petit qu'il le faut, ainsi que ses coreligionnaires, pour que la même chose soit possible. Alors il prend ses passions, qui sont devenues aussi palpables que son cœur, il les élève chacune sur un piédestal particulier; il les adore selon les *rites* de l'idolâtrie, ensuite il prend un coutelas et le plonge dans le sein de la victime qu'il leur sacrifie, laquelle victime est ordinairement un jeune garçon ou une jeune et belle vierge !..... On conviendra que ce sont bien là des *mystères de crime et d'infamie*, comme le dit parfaitement M. l'abbé de La Mennais ; mais, pour qu'on y croie, il faut les voir ; et, quoiqu'il nous assure que cela *se passe encore sous nos yeux*, nous ne sachions pas que personne l'ait vu que lui.

Si cependant cette nouvelle religion n'était qu'une de ces métaphores prétendues brillantes qui valent aujourd'hui des réputations à tels et tels auteurs, et qu'elle signifiât que l'homme n'écoute que ses sens et ses passions, et leur sacrifie ses devoirs, elle nous fournirait quelques autres observations.

Nous établirons d'abord deux grandes et puissantes lignes de démarcation ; l'une entre ce qui est réellement crime et ce qui ne l'est pas ; et la suivante entre ce qui doit être puni dans ce monde et ce qui ne doit l'être que dans l'autre.

Les seules actions qui puissent raisonnablement être qualifiées de crimes réels sont celles qui entraînent un dommage véritable, la spoliation, la diffamation, la violence et le meurtre. Hors de là, il n'y a plus rien qui puisse être ainsi qualifié.

Ces crimes, par quelque individu qu'ils soient commis, doivent être frappés sévèrement par les lois, et le sont en effet par-tout, parcequ'ils sont hors de toute *tolérance;* mais aussi ce sont les seules actions que la justice doive et puisse frapper alors qu'elles sont consommées, ou qu'il y a des preuves incontestables de leur tentative.

L'irréligion et les fausses croyances ne sont punissables que dans l'autre monde, attendu que l'homme n'en doit compte à aucun de ses semblables.

On peut plaindre un irreligieux et un faux croyant; on peut essayer de le convaincre avec douceur qu'il serait plus heureux et mieux dans l'ordre en suivant sa religion ou en adoptant celle que l'on croit la meilleure; mais ce serait se rendre coupable soi-même d'un crime réel et punissable dans ce monde, que de le diffamer, le spolier, le violenter, le massacrer; même alors qu'il existerait des lois pour autoriser ces crimes, ces lois seraient infames et perverses, et ne pourraient empêcher les diffamations, les spoliations, les violences, les meurtres qu'elles ordonneraient, d'être des crimes véritables dont se rendraient coupables, et les législateurs, et les dénonciateurs, et les juges, et les exécuteurs qui en frapperaient leurs victimes.

La haine, l'envie, sont dans le même cas lorsqu'elles se bornent à rester dans le cœur humain, et qu'elles ne font commettre aucun crime; quand elles font commettre un crime, c'est le crime en lui-même que la loi frappe, et non la passion qui l'a inspiré.

L'avarice et la prodigalité ne sont pas non plus des crimes; ce sont de simples défauts que nous sommes loin d'approuver, mais qu'aucune loi dans ce monde ne saurait atteindre.

Quant à l'orgueil ou la vanité, ce défaut est encore bien moins intolérable; peut-être même produit-il plus de bien que de mal; c'est presque toujours le seul stimulant des grandes actions, et le seul plaisir de l'homme : d'ailleurs on est libre de dédaigner, de fuir un orgueilleux, un homme vain, que cet orgueil ou cette vanité soient fondés sur quelque chose, ce qui arrive quelquefois, ou qu'ils ne soient fondés sur rien, ce qui arrive encore plus souvent; mais par cela même qu'on est libre de les dédaigner, de les fuir, et conséquemment de s'en faire ainsi justice, ces défauts ne peuvent être atteints par les lois, et il serait ridicule au dernier point d'y penser.

La sensualité, la gourmandise, ne sont pas toujours des défauts. Quand elles atteignent un individu qui n'a pas assez d'aisance pour les satisfaire, il en est le seul puni; lorsqu'elles font le charme de la vie d'un homme dont la fortune est suffisante pour les satisfaire, elles sont plutôt une qualité qu'un défaut; elles lui font trouver plus d'agrément dans ce monde, sans nuire en rien à personne, et procurent des gains nécessaires aux hommes qui vivent de leurs travaux.

La paresse est aussi un défaut pour le pauvre, qui est forcé de s'occuper pour bénéficier et vivre, mais n'en peut être un pour l'homme opulent, libre de passer sa vie comme bon lui semble, pourvu qu'il ne fasse du tort à qui que ce soit.

A quoi en veut donc encore M. l'abbé de La Mennais? *à la volupté!.....* Qu'il condamne tout ce qui offense les mœurs, personne ne le trouvera mauvais; mais lui appartient-il, et peut-il appartenir à qui que ce soit de s'enquérir de ce que *les desirs invoquent?* de ce que *les sens accomplissent?* surtout *au fond d'une retraite obscure?* et même *dans les ténèbres plus profondes du cœur de l'homme?* Peut-on abuser des mots au point d'appeler cela une *religion?* Peut-on abuser du droit d'écrire au point d'appeler cela des *mystères de crime et d'infamie?* Quoi! l'homme ne pourra jouir d'une table bien servie, si bon lui semble, et si sa fortune le lui permet; il ne pourra se livrer à une volupté même ordonnée par les commandements, sans que M. l'abbé de La Mennais s'en mêle, le trouve mauvais, et prétende que l'on *célèbre des mystères de crimes et d'infamie?* En vérité, jamais inquisition pareille, jamais pareille extravagance n'aurait pu germer dans aucun cerveau!

Est-ce que la triste humanité n'a pas suffisamment de maux à supporter dans ce monde? Les innombrables maladies qui l'accablent et la dévorent, les innombrables chagrins qui l'assaillent et la rongent, la lecture des écrits de certains auteurs, tout semble se réunir pour remplir sa vie d'amertume! Faut-il donc encore lui faire un crime des courts instants de plaisir qu'elle rencontre, et qui sont souvent aussi imperceptibles qu'un grain de sable l'est dans l'océan?..... Faut-il donc être sans joie et sans affection sur la terre? Ne peut-on aimer sa femme sans crime?..... *Transporter à la créature la gloire du Créateur,* C'EST ADORER LE NÉANT (pag. 182), dit M. l'abbé de La Mennais! *c'est tenter de lui rendre la souveraineté de l'univers qu'une parole du Tout-Puissant lui ôta* (Ib.)! *Et,* ajoute-t-il, QUE DE CRIMES DANS UN SEUL CRIME (Ib.)! Quoi, parcequ'on aime sa femme, on *transporte à la créature la gloire du Créateur!*... Quoi! l'on *adore* ainsi *le néant!*... Quoi, *c'est tenter de lui rendre la souveraineté de l'univers qu'une parole du Tout-Puissant lui ôta!* A qui, s'il vous plaît? est-ce à la femme qu'on aime ou au néant? Nous avons cru jusqu'à ce jour que c'était à Satan ou au chaos que le Tout-Puissant avait *d'une parole ôté la souveraineté de l'univers !* Est-ce que Satan et la femme qu'on aime, le néant et le chaos sont une seule et même chose?..... Ce serait bien le cas alors de s'écrier : Quel chaos que le chaos de M. l'abbé de La Mennais !

CHAPITRE XIV.

De l'unité.—La forme de tout ce qui est beau.—
Le germe devient arbre, l'enfant devient homme.
—Développement de la religion.—Cicéron.—
Interprétation de Cicéron.—Les brachmanes.
—Celse et son vœu.

L'unité est un caractère du christianisme; tel est le point que M. l'abbé de La Mennais se propose d'établir et de prouver dans le chapitre qui suit celui que nous venons d'examiner.

On voit qu'il n'est pas plus question de l'indifférence en matière de religion dans ce chapitre que dans ceux qui précèdent, et que le sujet en question non seulement ne s'y rattache en rien, mais encore qu'il est d'une maladresse à agiter dont l'auteur seul était capable.

Lorsqu'on écrit sur des sujets qu'il ne faut jamais confondre, il serait nécessaire de s'exprimer avec une exactitude rigoureuse ; ainsi c'est, *l'unité est un caractère du catholicisme,* que l'auteur aurait dû écrire, car ce n'est que cette *unité* qu'il veut prouver; à moins cependant qu'il ne persévère à traiter d'idolâtrie l'Église grecque et orientale, et tout le protestantisme, alors il n'y aurait en effet, d'après lui, d'autre christianisme que celui de la catholicité, et tous les chrétiens non catholiques cesseraient d'être chrétiens; conséquemment ceux qui croient en Jésus-Christ ne croiraient pas en Jésus-Christ; comme il nous a déja dit que ceux *qui ne croient qu'en Dieu ne croient pas en Dieu* (1). Cette proposition est parfaitement en harmonie avec toutes celles de M. l'abbé de La Mennais, et elle n'a rien qui doive étonner, d'après tout ce qu'on a vu de lui jusqu'à présent.

Mais d'ailleurs *l'unité* du catholicisme en particulier est-elle plus certaine, plus positive, plus incontestable que *l'unité* du christianisme en général?..... Nous avons déja fait remarquer (voyez page 155 de ce volume) plus d'une variation dans les pratiques religieuses du catholicisme, non seulement de pays à pays, mais encore de province à province, et qui plus est

---

(1) Voyez notre Examen critique des tomes I et II de l'Essai sur l'Indifférence en matière de religion, page 92.

dans le même diocèse; nous sommes bien éloigné de nous être appesanti sur ce sujet, et nous nous garderons fort de le faire, parceque nous ne croyons pas que ce soit utile ni important. Cependant personne ne peut ignorer que l'Église romaine a été déchirée par de nombreuses disputes, qui ont rarement eu lieu sans scandale; qu'il s'est opéré dans son sein plusieurs scissions qui ne se sont jamais réunies; et que même des conciles et des papes s'y sont lancés l'anathème les uns contre les autres avec une égale fureur..... Est-ce là de *l'unité?*

Concluons donc que l'unité rigoureuse n'est pas indispensable pour qu'une religion soit bonne; car, si cela était, il n'en existerait que de mauvaises, et l'on voit jusqu'où peut mener la maladresse de M. l'abbé de La Mennais!

Ce grand partisan de *l'unité* aurait bien dû nous définir dans son livre ce qu'il entend par *unité*, se tracer un plan, et ne traiter, dans chaque chapitre, qu'un point distinct de tous les autres; mais il a cru pousser plus loin encore *l'unité*, en suivant toujours la même méthode de prouver et de ne pas prouver en même temps, de créer et de détruire tout à-la-fois, de se contredire perpétuellement, et de barbouiller un galimatias toujours unique dans son genre, pour impatienter ou endormir ses lecteurs, selon la différence de leurs caractères.

Il nous dit : *L'unité qui, selon saint Augustin,* EST LA FORME DE TOUT CE QUI EST BEAU, *est aussi le caractère de tout ce qui est vrai, parceque* LA VÉRITÉ EST LA BEAUTÉ PAR EXCELLENCE (page 185).

Nous en demandons bien pardon à saint Augustin et à M. l'abbé de La Mennais, mais nous croyons qu'on peut aussi bien soutenir que l'unité est la forme de tout en général, et de tout ce qui est laid, que de tout ce qui est beau; nous ne voyons guère ce qu'il y a de si profond dans cette assertion, ni ce qu'il y a de si utile. Tel arbre porte une noisette, tel autre porte une orange : on est convenu de trouver la fleur et le fruit de l'oranger d'une plus grande beauté que la fleur et le fruit du noisetier; il y a cependant aussi bien unité dans l'une de ces productions du sol, que dans l'autre; l'unité y est même incontestable jusqu'à un certain point; car les noisettes d'une même variété sont toujours faites de même; et il en est ainsi des oranges et de bien d'autres choses.

L'unité est aussi le caractère de tout ce qui est vrai..... Pourquoi l'unité ne pourrait-elle pas être aussi le caractère de tout ce qui n'est pas vrai?

Parceque la vérité est la beauté par excellence!.... Nous conviendrons que les grandes et majestueuses vérités sont *belles par excellence;* mais aussi qui pourra nier qu'il y ait beaucoup plus de vérités dépourvues de beauté, que de celles qui en sont pourvues?

Tout se développe simultanément, L'UNITÉ DEMEURE INALTÉRABLE; *ce sont les mêmes êtres, mais plus parfaits. Ainsi le germe devient arbre; ainsi l'homme passe de l'enfance à l'âge de raison; et, s'il ne dérange pas l'ordre en violant les lois de sa nature, il continue éternellement de croître en intelligence, en bonheur, en perfections de toute espèce, sans cesser d'être le même homme* (page 186).

D'abord un germe donne quelquefois plusieurs arbres ou plusieurs plantes; et l'arbre ou les arbres, la plante ou les plantes qu'il donne est ou sont presque toujours d'une variété différente de celle qui a produit ce germe.

Ensuite il n'y a pas plus de comparaison entre un homme formé et un enfant, qu'il n'y en a entre un chêne d'un siècle et une plante d'un mois ; et il n'y a guère plus de ressemblance entre un vieillard décrépit et un homme dans la force de l'âge, qu'entre un tronc tombant en poussière de vétusté et un arbre vigoureux chargé de feuilles et de fruits.

Toujours la même aussi, toujours une, la vraie religion devait également, selon les desseins de Dieu, se développer dans les progrès des temps (page 186).

Les comparaisons ne sont pas heureuses pour M. l'abbé de La Mennais ; elles sont toujours plutôt contre ce qu'il veut établir que pour.

Il est impossible d'admettre qu'une religion ne change pas en *se développant dans les progrès des temps*, ainsi qu'un germe qui devient arbre et un enfant qui devient homme.

Si la religion était aussi peu reconnaissable à chacune de ses périodes que l'homme l'est avec lui-même aux divers âges de la vie, que l'arbre l'est aussi en ses divers états de croissance, il ne faudrait plus s'étonner qu'il y ait tant de sectes; la dernière pourrait toujours se trouver à un point de perfection de plus que les autres; et les protestants, après lesquels M. l'abbé de La Mennais s'excrime si fort, ne manqueraient pas de profiter de ce qu'il établit.

Après ce début, M. de La Mennais assure que *les païens mêmes ont reconnu* L'UNITÉ NÉCESSAIRE DE LA LOI DIVINE; *que* CICÉRON *l'annonce* D'UNE MANIÈRE SI FORMELLE, *que Lactance semble y voir une sorte* D'INSPIRATION CÉLESTE *et de prévision* PROPHÉTIQUE (page 187). Ainsi des païens qui vivaient avant l'ère de Jésus-Christ et près de quatre siècles avant l'établissement du christianisme par Constantin, *reconnaissaient l'unité nécessaire de la loi divine;* et Cicéron, qu'on n'avait cru jusqu'à présent que le prince de l'éloquence, était de plus un *prophète inspiré!*..... Il est difficile de pousser plus loin le merveilleux!

Mais voyons un peu comment le païen Cicéron, dans son *inspiration céleste*, dans sa *prévi-*

sion prophétique, annonçait d'une manière si formelle l'unité nécessaire de la loi divine, longtemps avant la naissance de Jésus-Christ !

« *La loi véritable* EST LA DROITE RAISON CONFORME A LA NATURE, *loi répandue dans tout le
« genre humain, loi constante, éternelle, qui rap-
« pelle au devoir par ses commandements, qui dé-
« tourne du mal par ses défenses, et qui, soit qu'elle
« défende, soit qu'elle commande, est toujours
« écoutée des gens de bien, et méprisée des mé-
« chants. Substituer à cette loi une autre loi, est
« une impiété; il n'est permis d'y déroger en rien,
« et l'on ne peut l'abroger entièrement. Nous ne
« pouvons être déliés de cette loi ni par le sénat,
« ni par le peuple; elle n'a pas besoin d'un autre
« interprète qui l'explique; il n'y aura point une
« autre loi à Rome, une autre à Athènes, une autre
« maintenant, une autre après; mais une même
« loi, éternelle et immuable, régira tous les peu-
« ples dans tous les temps: et celui qui a porté, ma-
« nifesté, promulgué cette loi, Dieu sera le seul
« maître commun et le souverain monarque de
« tous; quiconque refusera de lui obéir se fuira
« lui-même; et, renonçant à la nature humaine,*

« *par cela même il subira de très grandes peines,*
« *quand il échapperait à ce qu'on appelle ici-bas*
« *des supplices.* »

Nous prenons la traduction de M. l'abbé de La Mennais sans y changer un seul mot ; elle n'est pas trop élégante, n'importe.

C'est vainement qu'on lit et relit ce passage, on n'y voit ni *inspiration céleste*, ni *prévision prophétique*, ni sur-tout la *reconnaissance formelle de l'unité nécessaire de la loi divine* du christianisme.

On y voit, ce que tout le monde sait, que les Romains, du temps de Cicéron, croyaient à Jupiter, à l'Olympe, aux Champs-Élysées, au Tartare ; on y voit que Cicéron leur dit que la vraie loi, ou la *loi véritable* qu'ils doivent suivre, *est la droite raison conforme à la nature*, qui n'est pas autre chose que ce que nous appelons *la droiture* ; il ajoute que cette loi est commune à tous les hommes, à tous les lieux, et sera de tous les temps ; qu'elle est le meilleur guide qu'on puisse suivre ; qu'elle commande le bien et défend le mal ; qu'elle est toujours écoutée par les gens de bien, et qu'il n'y a que les malhonnêtes gens qui la méprisent; qu'aucune puissance humaine n'a le droit ni le pouvoir d'ordonner des actions que *la droiture* défend (ou la *droite raison,* si M. l'abbé de La Mennais le préfère), ni le peuple, ni le sénat.... (que devient alors *l'obéissance passive* que l'auteur de l'Essai sur l'Indifférence en matière de religion aime tant?....) qu'elle n'a pas besoin d'être interprêtée nulle part; qu'elle est et sera toujours comprise partout; que Dieu (qui était Jupiter pour Cicéron et les Romains de son temps) punira ceux qui auront manqué de droiture, s'ils échappent au glaive des lois.

Voilà tout ce qu'on peut trouver et admirer dans ce passage de Cicéron. M. l'abbé de La Mennais veut-il que *la droiture* ou *la droite raison* soit synonyme de religion? nous y consentons; mais alors il faudrait conclure que Cicéron ne pouvait parler que du paganisme, puisqu'il était païen, qu'il parlait à des païens, et que Jésus-Christ n'était pas encore né!..... et de quelle utilité cela peut-il être pour le catholicisme?

Il n'a pas plutôt cité Cicéron en français et en latin, qu'il nous cite *les Brachmanes qui avaient aussi*, dit-il, *une tradition semblable fondée sur une ancienne prophétie. Ils disaient* COMME CICÉRON, *qu'il viendrait un temps où une seule loi règnerait par toute la terre.*

On vient de voir comment Cicéron a dit cela ! Mais, en supposant que les Brachmanes l'aient réellement cru, il faudrait être d'une stupidité peu commune pour penser qu'ils entendaient parler d'une autre religion que de celle qu'ils professaient.

Il n'est pas, jusqu'à Celse, ajoute M. l'abbé de La Mennais, *qui n'ait senti que la vraie religion* DEVAIT ÊTRE UNE; *il forme le vœu que toutes les nations de l'Europe, de l'Asie et de l'Afrique* SE RÉUNISSENT SOUS LA MÊME LOI; *mais, ne voulant pas se soumettre au* MAÎTRE COMMUN, *au* SOUVERAIN MONARQUE DONT PARLE CICÉRON, *et n'ayant plus dès lors aucune règle, il juge avec raison cette unité impossible* (page 189).

Le lecteur vient de voir le passage de Cicéron invoqué par M. l'abbé de La Mennais. Il y a trouvé *le souverain monarque,* et *le maître commun;* mais il a remarqué que ces désignations ne pouvaient être données par un païen qu'à Jupiter; ainsi cette assertion, renouvelée par l'auteur, est tout aussi exacte à sa page 189 qu'à sa page 187.

Quant au vœu formé par Celse de voir toutes les nations du monde avoir les mêmes croyances ou la même religion, il est plein de philanthropie, et il n'y a pas un honnête homme qui ne le desirât encore s'il croyait la chose plus possible que Celse; malheureusement, tant qu'il y aura des fanatiques et des intolérants, *la droite raison* aura de la peine à réunir les hommes.

Mais ce *vœu* de Celse n'était pas une prophétie, c'était un *vœu* d'un ami de l'humanité; et il était bien loin d'exprimer qu'il fallait contraindre par le fer et le feu les hommes de toutes les parties du monde à n'avoir qu'une seule religion...... *Il jugeait, d'ailleurs, avec raison, cette unité impossible!*

CHAPITRE XV.

Petite note sur Rousseau. — Qu'*une* n'est pas *deux*. — Tour d'adresse. — La beauté ne s'altère point. — Que le symbole de l'idolâtrie, d'après M. de La Mennais, ressemble au symbole de la société chrétienne. — Encore une maladresse de M. de La Mennais, d'après laquelle l'unité appartiendrait à toutes les sectes chrétiennes, et même à tous les cultes idolâtriques. — L'unité du culte prouvée par M. de La Mennais. — Sacrifices humains. — Encore des citations à perte de vue.

En cet endroit, du livre de M. l'abbé de La Mennais, se trouve une petite note très curieuse; la voici :

Rousseau, QUI N'A GUÈRE FAIT QUE RAJEUNIR LES OBJECTIONS DE CELSE *contre le christianisme*, AVOUE, *comme lui, que s'il existe une vraie religion*, ELLE DOIT ÊTRE UNE.

Il nous semblait que Rousseau avait fait quelques petites choses de plus que M. l'abbé de La Mennais ne le dit; mais ne nous arrêtons pas à cette légère inadvertance. Comment Rousseau *avoue comme Celse* que s'il existe une vraie *religion*, ELLE DOIT ÊTRE UNE !...... Et qui donc a jamais prétendu qu'UNE *dût être* DEUX ?.... Mais voyons un peu comment Rousseau s'y prend pour *avouer* cela.

« Parmi tant de religions diverses qui se
« proscrivent et s'excluent mutuellement, *une*
« *seule est la bonne*, si tant est qu'une le soit. »

C'est M. l'abbé de La Mennais qui cite et qui souligne *une seule est la bonne*, et qui laisse *si tant est qu'une le soit!*.... l'adresse ne se dément jamais.

A qui l'auteur de l'Essai sur l'Indifférence en matière de religion espère-t-il persuader que dans ces trois lignes, Rousseau *avoue que s'il existe une vraie religion*, ELLE DOIT ÊTRE UNE ?.... il dit *que puisqu'elles s'excluent*, il ne peut y en avoir qu'une de bonne, si tant est qu'une le soit ; et il ne reconnaît point du tout la nécessité de *l'unité*, comme M. l'abbé de La Mennais le prétend.

Ce n'est point ici le lieu d'examiner si Rousseau a tort ou raison dans ce passage ; mais ce qu'il y a de très certain, c'est que M. l'abbé de La Mennais est d'une maladresse inouïe et combat plutôt sa proposition qu'il ne la défend; lui qui traite sans cesse Rousseau de *Sophiste* quand il a le plus clairement raison, l'approuve à l'endroit où il lui conviendrait le mieux de le contredire !

A la suite du tour d'adresse qu'on vient de voir, M. l'abbé de La Mennais cite un fragment de saint Augustin, en latin et en français, et en tire la conséquence que *la religion chrétienne* (il faut entendre *catholique*) est *la seule qui ait unité de dogmes, unité de préceptes, unité de culte; que cette unité la distingue de toutes les religions fausses; qu'ici-bas tout change, tout s'altère; qu'elle seule ne s'altère ni ne change point,* etc. (pages 192 et 193).

Ainsi nous avons vu au commencement d'un de nos chapitres que *l'unité était le caractère de tout ce qui est beau*, conséquemment là, d'après M. l'abbé de La Mennais, *tout ce qui est beau ne change point, ne s'altère point;* maintenant *tout change, tout s'altère,* sans excepter *ce qui est beau,* car *tout* comprend ce qui est beau comme ce qui ne l'est pas ! *le catholicisme seul ne change point; ne s'altère point,* et cependant M. l'abbé de La Mennais nous a comparé la religion catholique, à un germe qui devient arbre, et qui conséquemment change à chacune de ses périodes de croissance, de manière à être méconnaissable; ainsi qu'à l'homme à ses divers âges qui ne se ressemble guère plus, comme nous l'avons fait remarquer! Voilà des *conséquences* bien peu *conséquentes*, il faut en convenir, et une méthode d'écrire toute particulière!

Il cite encore l'évêque d'Hippone, en latin et en français, ensuite Bossuet, après il en revient à ce qu'il a déja dit mille fois au moins, que la religion catholique existait avant Jésus-Christ, puisque les idolâtres conservaient *la notion d'un Dieu unique*, quoiqu'ils eussent une population de Dieux; *la nécessité du culte*, en sacrifiant des victimes humaines et en se livrant à des orgies dégoûtantes; *les peines et récompenses futures*, en croyant aux Champs-Élysées et aux gouffres du Tartare, etc., etc.

Tel était le symbole de la tradition, ajoûte l'auteur de l'Essai sur l'Indifférence en matière de religion, LE SYMBOLE DU GENRE HUMAIN; *en quoi* DIFFÈRE-T-IL DU SYMBOLE DE LA SOCIÉTÉ CHRÉTIENNE? *et qui ne reconnaît d'abord que celui-ci n'en est que le développement* (page 196)?

Nous présumons qu'on pourra trouver, sans impiété, que *le symbole de la société chrétienne* diffère beaucoup plus du *symbole de l'idolâtrie* que M. l'abbé de La Mennais ne le pense; et s'il n'en était que le développement, il ne serait pas utile de le faire connaître.

Ainsi la vraie religion s'est développée et n'a point changé (page 198), ajoute l'auteur, après avoir donné encore une longue citation!....Les sectes protestantes en disent tout autant, et elles sont aussi fondées à le dire; il en est de même des musulmans, et il est possible que les idolâtres aient les mêmes prétentions, qui paraîtraient pour le moins aussi raisonnables; devons-nous encore répéter, que cela est plutôt nuisible qu'utile au catholicisme? que c'est une assertion maladroite? que cela ne prouve rien?.... non, car si M. l'abbé de La Mennais n'est jamais las de répéter les mêmes maladresses, nous nous lassons de les combattre, et nous voulons éviter de fatiguer nos lecteurs par des répétitions continuelles; car, en vertu de son brevet d'invention, M. l'abbé de La Mennais pourrait nous faire un procès si nous nous permettions d'aller ainsi sur ses brisées.

Ainsi LES CHRÉTIENS CROIENT TOUT CE QUE CROYAIT LE GENRE HUMAIN AVANT JÉSUS-CHRIST, *et le genre humain croyait tout ce que croient les chrétiens*, dit encore l'auteur de l'Essai sur l'Indifférence en matière de religion (page 200).

Et c'est pour prouver *l'unité* du catholicisme qu'il émet une proposition pareille !.... Il ne faut pas s'arrêter sur la singularité de cette phrase; sans doute, si *les chrétiens croient tout ce que le genre humain croyait avant Jésus-Christ,* le genre humain *croyait tout ce que croient les chrétiens;* et c'est absolument comme si l'on disait qu'il y a quatre lieues de Paris à Versailles et quatre lieues de Versailles à Paris; mais où serait donc l'unité du catholicisme, s'il croyait *tout ce que le genre humain*, qui était idolâtre, à l'exception de la Judée, royaume qui ne formait pas la millième partie du monde, s'il croyait, disons-nous, *tout ce que le genre humain croyait avant Jésus-Christ?....* Ce serait alors une unité qui se composerait du mélange le plus bizarre et le plus hétérogène qu'on pût imaginer; et si le genre humain croyait avant Jésus-Christ tout ce que les chrétiens croient aujourd'hui, et que l'unité du catholicisme soit prouvée, il est incontestable que les religions fausses avaient la même unité que la vraie religion, puisqu'elles croyaient tout ce que les chrétiens croient..... Voilà ce qui sort des raisonnements de M. l'abbé de La Mennais, si l'on peut appeler cela des raisonnements !

Après avoir prouvé de la manière qu'on vient de voir *l'unité de morale* et *l'unité de dogmes*, il veut encore prouver avec la même sagacité, la même pénétration, le même génie, *l'unité de culte;* il assure que *le culte ancien* (avant Jésus-Christ) *s'adressait* AU MÊME DIEU QUE LE NÔTRE, *et se composait comme le nôtre de l'adoration et du sacrifice. L'oblation de la victime et* SA DESTRUCTION, *voilà le sacrifice*, ajoute-t-il; *on l'a supposé par-tout* D'AUTANT PLUS EFFICACE *que* LA VICTIME ÉTAIT PLUS PARFAITE ET PLUS PURE.....

Quelle horrible supposition !.... aussi amena-t-elle le sacrifice des victimes humaines, qui étaient choisies parmi ce qu'il y avait *de plus parfait*, et *de plus pur* dans les générations !.... Et l'on peut avoir la monstrueuse audace, la stupide barbarie de préconiser de pareilles atrocités!....

Par une horrible conséquence de CETTE IDÉE VRAIE EN ELLE-MÊME, ajoute l'auteur, *et qui* TIENT A LA CROYANCE ANTIQUE ET UNIVERSELLE, *que* L'INNOCENT PEUT SATISFAIRE POUR LE COUPABLE, *tous les peuples idolâtres ont immolé des* VICTIMES HUMAINES; *et même en plusieurs lieux* LES PÈRES DÉVOUAIENT LEURS PROPRES ENFANTS, *pour* APAISER LA COLÈRE DIVINE *par ces exécrables sacrifices. Toujours en abomination aux adorateurs du vrai Dieu,* CES MEURTRES SACRÉS *épouvantèrent souvent les nations mêmes qui honoraient de fausses divinités.* MAIS IL N'EST POINT DE PAYS, *il n'est* POINT D'ÉPOQUE OU L'ON N'AIT OFFERT DES SACRIFICES SANGLANTS, *et ces sacrifices* ÉTAIENT PAR-TOUT LE FOND ESSENTIEL DU CULTE (pages 205, 206 et 207).

Quoi! l'on ose de nos jours porter l'horrible témérité jusqu'au point d'assurer que les *meurtres sacrés*, que *l'immolation des victimes humaines*, sont de nature à *apaiser la colère divine?* que *l'innocent peut satisfaire pour le coupable?* que cette *croyance est antique et universelle?* que *l'idée en est vraie en elle-même?..... S*ommes-nous donc chez les anthropophages?..... Non; nous sommes au centre de l'Europe et de la civilisation ; n'importe, *il n'est point de pays, il n'est point d'époques où l'on n'ait offert* DES SACRIFICES SANGLANTS, entendez-vous; lecteur, DES SACRIFICES SANGLANTS ! et *ces sacrifices étaient par-tout* LE FOND ESSENTIEL DU CULTE !..

Non, nous ne croirons pas, nous ne voulons pas croire que ces infames sacrifices *aient été par-tout le fond essentiel du culte !* ils étaient la suite de la barbarie des temps, de la honteuse corruption, du stupide fanatisme, de l'atroce turpitude des sacrificateurs ! Au lieu d'apaiser la colère divine, ils devaient la faire éclater avec la plus grande violence; et si la foudre n'atteignait pas les féroces assassins, l'exécration éternelle doit poursuivre leur mémoire jusqu'à la dernière postérité! Non, nous ne croirons pas et nous ne voulons pas croire que *l'innocent puisse satisfaire pour le coupable ;* cette idée est fausse et de toute fausseté; ce serait commettre un crime encore plus atroce que le premier, et un crime de plus ne peut que rendre plus criminel!

Et quel est le rapport entre ces horribles sacrifices? le dégoûtant spectacle des tauroboles, où l'idolâtre, après avoir égorgé des troupeaux entiers, se baigne dans le sang des victimes; et quoique *confessant ainsi qu'il ne peut être purifié que par le sang, il avoue néanmoins que ce sang dans lequel il se plonge est sans vertu pour le sauver*, ce qui, ce semble, devrait le détourner de le répandre et de s'y salir, puisque ces deux actes n'ont aucun résultat salutaire pour lui; quel rapport ces monstrueuses actions peuvent-elles avoir avec le sacrifice du catholicisme?..... M. l'abbé de La Mennais assure que tout le monde doit *reconnaître dans le culte chrétien la consommation du culte antique!*..... (page 209) non! heureusement pour le culte chrétien et pour ceux qui le suivent!...... comment peut-il, et comment ose-t-il comparer *l'hostie de propitiation* avec les horribles massacres des sacrificateurs idolâtres?..... et M. de La Mennais est prêtre! et il prétend servir et honorer le catholicisme! que pourraient donc dire de moins vrai, de moins honorable, les ennemis les plus violents de cette religion?

Fatigué par toutes les belles choses qu'il nous a dites dans des demi-pages et des tiers de pages, le reste étant rempli par des notes, M. l'abbé de La Mennais se repose en multipliant encore plus les citations; ainsi il nous dit : *Saint Augustin explique*; puis il nous donne trois pages et demie de saint Augustin; il ajoute, *Cette doctrine est conforme à celle de saint Thomas*, et il nous cite saint Thomas; *Nous voyons même au livre des Rois*, et il nous donne un passage de ce livre; *c'est l'enseignement unanime des pères*, et il nous donne neuf pages des pères Clément d'Alexandrie, saint Justin, saint Jean-Chrysostôme, saint Irénée, etc. (pages 210 à 228).

Enfin, il ajoute deux pages et demie de son cru, et termine en disant : *Il est donc incontestable que l'unité est un caractère du christianisme* (page 230).

Reposons-nous donc, en attendant mieux.

CHAPITRE XVI.

De l'universalité.—Le vrai Dieu par-tout adoré.—Le temple de Delphes.—Citations sur citations.—Il n'y a jamais eu d'idolâtres, d'après M. de La Mennais.—Démophile, et nouvelle attaque contre la volupté.— Les habitants du faubourg Saint-Germain et autres.—Moyen de fermer la bouche à M. de La Mennais. — Justification des hommes riches.—Tableau du voluptueux.

Dans les trois chapitres suivants, qui remplissent le reste de son tome III, M. l'abbé de La Mennais se propose de prouver que *l'universalité est un caractère du christianisme.*

Tout ce qui lui a servi pour prouver *l'unité* comme il l'a prouvée, lui sert aussi pour prouver *l'universalité*; il puise dans l'antiquité; et par-tout où les idolâtres avaient un dieu au-dessus de leurs autres dieux, et presque toute l'idolâtrie était ainsi organisée, comme elle l'est encore, M. l'abbé de La Mennais, trouve que ce dieu suprême païen n'était autre que le vrai Dieu des catholiques.

Ainsi, il nous dit que le vrai Dieu des

catholiques était vénéré par les Égyptiens sous le nom de *Kneph* et de *Pan*, lequel nom de *Pan* ou *Pan-os*, signifie *notre Seigneur*, comme *Adonaï* chez les Hébreux (page 240, et note 2 de la page 241); que c'était là *la divinité mystérieuse adorée dans le temple de Saïs, où on lisait cette inscription :* JE SUIS TOUT CE QUI A ÉTÉ, CE QUI EST ET CE QUI SERA. NUL MORTEL NE SOULEVA JAMAIS MON VOILE. Et puis il ajoute : *A quel dieu du paganisme ces paroles peuvent-elles convenir ? ce dieu* QUI A ÉTÉ, QUI EST ET QUI SERA, *ce dieu qui se définit comme le vrai Dieu se définit dans l'Écriture,* EST-IL AUTRE QUE CE DIEU LUI-MÊME ?

Il n'y a pas même l'ombre du plus léger doute que ce dieu ne soit autre que le Dieu de l'Écriture, quoiqu'il se définisse de la même manière. Qui peut empêcher un imposteur de se dire ce qu'il n'est pas? et s'il a cette audace, faut-il croire qu'il est ce qu'il prétend être ?

A l'entrée du temple de Delphes, ajoute-t-il aussitôt, *on lisait aussi* TU ES, *avec le célèbre adage :* CONNAIS-TOI TOI-MÊME. *Voyons de quelle manière Plutarque explique ces deux inscriptions.* Et là, il donne un fragment de Plutarque, pour prouver que ces inscriptions annonçaient que le vrai Dieu des chrétiens était adoré dans le temple de Delphes, sous le nom d'Apollon !

Il assure encore que le même vrai Dieu était *adoré dans toute la Grèce*, puisque LE DIEU INCONNU *dont saint Paul aperçut l'autel en entrant dans Athènes*, ÉTAIT LE VRAI DIEU !...... (page 243.)

Ici les citations sont tellement multipliées en français, en latin, en grec, que

Je saute vingt feuillets pour en trouver la fin......

Mais, que dis-je ! *vingt feuillets* sont bien loin de pouvoir suffire ! il faut bien *sauter cent-deux pages*, pour trouver enfin ces mots qui promettent plus qu'ils ne tiennent : *arrêtons-nous* : C'EN EST ASSEZ (page 345). *C'en est même trop*, dit le lecteur, mais il n'en sera pas quitte à si bon marché !

Et que prouvent ces *cent-deux pages* de citations ?...... Que tous les cultes idolâtriques, passés et présents, ont adoré une divinité au-dessus de leurs divinités inférieures ! Ces divinités ou ces dieux suprêmes chez les idolâtres étaient et sont encore des idoles; n'importe : M. l'abbé de La Mennais, à travers ces idoles qui portent d'innombrables noms, tous plus bizarres, plus barroques, plus dissonnants, les uns que les autres, veut absolument voir le vrai Dieu des chrétiens, et prétend même que c'est ce vrai Dieu, reconnu tel par eux, que les idolâtres adorent!

Alors il n'y a jamais eu et il n'y a point d'idolâtres; tous les hommes sont chrétiens, frères en Dieu, et doivent s'embrasser! *le vœu de Celse* est exaucé et n'avait même pas besoin d'être formé, puisqu'il n'y avait pas plus d'idolâtres de son temps que du nôtre !.....

Il est inutile d'ajouter quelque chose à ce qui précède; l'homme, même le moins intelligent, fera de lui-même toutes les réflexions que cette méthode de prouver doit nécessairement lui suggérer.

A travers ces *mille et une citations*, ou plutôt ces *cent mille et une*, car il n'y a très fréquemment que deux ou trois lignes par pages, et chaque ligne, quoique citée, renvoie à deux, trois et quelquefois quatre notes encore citées; nous avons remarqué quelques petits passages sur lesquels nous ramènerons le lecteur.

A sa page 253, il nous apprend que *Démophile*, dans son temps, écrivait *qu'on* NE PEUT AIMER DIEU *quand on* AIME SON CORPS, et LES VOLUPTÉS, et LES RICHESSES; que LE VOLUPTUEUX EST ESCLAVE DU CORPS, *et dès lors* AVIDE DE RICHESSES; que CELUI QUI EST AVIDE DE RICHESSES *devient nécessairement* INJUSTE, *c'est-à-dire* IMPIE ENVERS DIEU, *et* INIQUE A L'ÉGARD DES HOMMES; QUAND IL SACRIFIERAIT DES HÉCATOMBES, *il serait* PLUS QUE JAMAIS IMPIE, ABOMINABLE, ATHÉE, SACRILÈGE. *Fuyez donc* LE VOLUPTUEUX, *comme un* HOMME EXÉCRABLE *comme l'*ATHÉE. *L'ame chaste et pure est la demeure la plus agréable à Dieu.*

Il y a du bon et du mauvais, du vrai et du faux dans ce passage; et le peu qu'il y a de bon et de vrai, est contre M. l'abbé de La Mennais, ce qui ne peut guère être autrement.

Commençons par séparer le bon or du faux.

On a vu plus haut que l'auteur de l'Essai sur l'Indifférence en matière de religion assure que *les sacrifices sanglants apaisaient la colère divine; qu'on les supposait par-tout d'autant plus efficaces que* LA VICTIME ÉTAIT PLUS PARFAITE ET PLUS PURE; que *cette idée*, VRAIE EN ELLE-MÊME, *tient à la croyance antique et universelle que* L'INNOCENT PEUT SATISFAIRE POUR LE COUPABLE; qu'*il n'est point de pays, point d'époques, où l'on n'ait offert des* SACRIFICES SANGLANTS; *que ces sacrifices étaient par-tout* LE FOND ESSENTIEL DU CULTE, etc. (voyez page 209 de ce volume).

Nous nous sommes élevé avec une juste indignation contre ce qu'il y a d'exécrable dans ces assertions, et contre ce qu'il y a d'extravagant dans l'assimilation que l'auteur fait de ces sacrifices avec le sacrifice des chrétiens; nous avons dit que *l'idée* que M. l'abbé de La Mennais trouve *vraie en elle-même*, était fausse et de toute fausseté; qu'il n'était point vrai que l'innocent pût satisfaire pour le coupable; et que de pareils sacrifices le rendaient encore plus criminel.

Eh bien! que voyons-nous dans ce passage de *Démophile?*.... Que *quand celui qui est* INIQUE A L'ÉGARD DES HOMMES *sacrifierait* DES HÉCATOM-

BES, *il serait* PLUS QUE JAMAIS IMPIE, ABOMINABLE, SACRILÈGE!

Nous n'ajoutons pas *Athée*, comme *Démophile* et M. l'abbé de La Mennais, parcequ'il est évident que celui qui sacrifie des hécatombes croit à un Dieu ou à plusieurs.

Mais que devient avec Démophile *le fond* ESSENTIEL *du culte? l'idée* VRAIE EN ELLE-MÊME de M. l'abbé de La Mennais?.... nous l'abandonnons à la sagacité du lecteur.

Passons à l'autre partie de ce fragment.

Tous les habitants du faubourg Saint-Germain et de bien d'autres endroits vont se lever en masse, et ils auront raison, contre *Démophile* et M. l'abbé de La Mennais, en lisant qu'on ne peut aimer *Dieu quand on aime son corps et les voluptés et les richesses*..... Comment, diront-ils, en remplissant nos devoirs comme nous les remplissons, en faisant le bien autant que nous pouvons, il nous sera défendu de tenir à ce que nos corps ne soient pas égratignés, et même à ce qu'ils éprouvent le plus d'aise, le plus de satisfaction possible, sous peine d'être accusés de ne pas aimer Dieu?.... Pour *aimer*

Dieu, et pour ne pas *être esclave du corps*, faut-il donc renoncer à tout bonheur, et jeter nos richesses à la tête de *Démophile* et de M. l'abbé de La Mennais?

Quoi! diront ceux qui tiennent à augmenter leur fortune honnêtement, et il y en a encore quelques uns, quoi qu'en puisse dire *Démophile* et l'auteur de l'Essai sur l'Indifférence en matière de religion; quoi! l'on ne peut *aimer les richesses* sans être *injuste? inique à l'égard des hommes? impie envers Dieu?*

Il nous semble voir des populations de personnes des deux sexes, riches, bien élevées, estimables, faire chorus aux oreilles de M. l'abbé de La Mennais, et lui dire: Comment, monsieur, avec votre *Démophile*, vous nous traitez *d'impies, d'abominables, d'athées*, de *sacriléges!*... et lui leur répondre avec fermeté: *Oui! oui! et mille fois oui!*....

Le seul moyen que nous voyons pour fermer la bouche à l'auteur de l'Essai sur l'Indifférence en matière de religion, c'est de la lui remplir! jusque-là, il criera à tue-tête!

Mais *l'avidité des richesses* rend-elle *nécessai-*

rement injuste? inique à l'égard des hommes?.... On peut certainement répondre *non!* nous irons encore plus loin: *L'injustice, l'iniquité à l'égard des hommes sont-elles toujours criminelles?....* elles sont toujours répréhensibles, toujours blâmables; mais toujours criminelles, *non!*

L'avidité des richesses, l'injustice, l'iniquité à l'égard des hommes, font quelquefois commettre des crimes, alors ces crimes doivent être frappés par les lois; ce n'est point l'*avidité, des richesses, l'injustice,* ou *l'iniquité* qui sont et qui doivent être punies, mais la spoliation, la diffamation, la violence, le meurtre, qu'elles ont fait ou tenter, ou commettre.

D'un autre côté, *le volupteux* est-il toujours *avide de richesses?.... injuste, inique à l'égard des hommes?....* M. l'abbé de La Mennais ne se connaît guère en volupté! La mollesse, la douceur sont indispensables au volupteux; c'est un sybarite qui se trouve gêné, dit-on, par une feuille de roses plissée; son ame ne veut connaître que les émotions délicieuses; il vit de son bien et le prodigue plutôt qu'il ne l'augmente; il fuit les affaires, les contestations, les débats, qui voudraient troubler son bonheur : il ne peut donc pas être *injuste à l'égard des hommes,* et M. l'abbé de La Mennais n'aura bien certainement que *Démophile* de son avis !

CHAPITRE XVII.

Haine à la raison. — Justification de la raison. — Attaque contre les savants et les géologues. — Haine à la science. — Des Guèbres. — Ce qui serait plus adroit. — La voix de la mort. — Le néant cherché. — Le silence du tombeau.

La volupté n'est pas la seule chose que l'auteur de l'Essai sur l'Indifférence ait pris en aversion; il hait la raison, pour le moins autant, si même il ne la hait pas mille fois plus encore.

Nous avions lu avec plaisir au commencement de son chapitre: *La connaissance de Dieu est le fond même de la raison humaine* (page 231). Nous augurions bien de ce début, et nous espérions que l'auteur allait enfin se raccommoder avec la raison; mais nous nous trompions complétement; il s'est trop brouillé avec elle pour que le raccommodement puisse jamais s'effectuer; aussi comme il la traite, cette pauvre raison! il est tout-à-fait sans pitié pour elle!

Tant de fiel entre-t-il dans l'ame des dévots!

Il assure que *les croyances générales, fondées sur la tradition, conservaient dans le genre humain les vérités primitives*, MALGRÉ *le travail destructeur de* LA RAISON CURIEUSE, IGNORANTE *et* TÉMÉRAIRE (page 298). Là il traite encore avec un superbe mépris *les systèmes philosophiques de la formation de la terre de* BURNET, *de* BUFFON, *des géologues anciens et modernes, de* RÊVERIES MÉTAPHYSIQUES *qui ne* PROUVENT *rien, si ce n'est* LA FAIBLESSE ET L'ORGUEIL DE LA RAISON HUMAINE (pages 297 et 298).

Il semblera sans doute au lecteur que *la raison humaine* n'est pas aussi *déraisonnable* que M. l'abbé de La Mennais veut bien le dire; et que malgré les erreurs qu'on trouve quelquefois, même dans les meilleurs géologues anciens et modernes, la *raison humaine* mérite quelque considération, sur-tout lorsqu'on parle de Burnet et de Buffon; la *raison* de ces grands hommes et de quelques autres qui ont fait des ouvrages pour le moins aussi estimables que l'Essai sur l'Indifférence en matière de religion, pouvait être *curieuse*; mais, avec la meilleure volonté du monde, il n'est guère possible de la trouver *ignorante*..... L'ignorance de Burnet et de Buffon serait un phénomène aussi difficile à prouver que la science et le génie de M. l'abbé de La Mennais!..... Leurs *rêveries métaphysiques qui ne prouvent rien, si ce n'est la faiblesse et l'orgueil de la raison humaine,* feront long-temps encore l'admiration des âges, alors qu'on ne se souviendra pas plus de M. l'abbé de La Mennais que de ses écrits.... Cependant il faut l'excuser de ses boutades contre la Raison : les amants malheureux sont encore plus à plaindre qu'à blâmer.

La Raison n'est pas la seule cruelle à laquelle M. l'abbé de La Mennais garde rancune : la Science partage sa colère.

Après nous avoir dit qu'*il subsiste encore aujourd'hui quelques restes du magisme ou de la religion de Zoroastre parmi les Guèbres,* il ajoute : *Selon Chardin, dont le témoignage est confirmé par Mandeslo,* « Ils tiennent qu'il y a un être « suprême qui est au-dessus des principes et « des causes; ils l'appellent *Yerd,* mot qu'ils « interprètent par celui de *Dieu,* ou d'*Ame* « *éternelle.* » *Rien n'efface de l'esprit des peuples cette grande et consolante idée :* ELLE BRILLE *encore* AU SEIN MÊME DE L'IGNORANCE LA PLUS PROFONDE, *et ne* s'éteint *que* dans les ténèbres *d'une* science orgueilleuse *et* corrompue (page 319).

Ainsi c'est non seulement la Raison qui est une *orgueilleuse;* mais aussi la Science; et, qui plus est, celle-ci est *corrompue!.....*

Ils sont trop verts, dit-il, et bons pour des goujats!...

Aussi la Science ne pourra jamais se vanter d'avoir *corrompu* M. l'abbé de La Mennais! S'il n'est malade qu'alors, on peut croire qu'il sera toujours sain, et qu'il se portera toujours à merveille!

Nous ne voulons pas répéter que les Guèbres en adorant *Yerd* ne s'imaginaient guère d'adorer le Dieu des Chrétiens; mais quel nouveau tour d'adresse que celui de représenter *l'idée de Dieu* comme brillant au sein de l'ignorance la plus profonde, et ne s'éteignant que dans les ténèbres d'une science orgueilleuse et corrompue!..... et ce, aujourd'hui que tout le monde aime la Science, excepté M. l'abbé de La Mennais, qui a ses raisons pour la haïr!

Ne vaudrait-il pas mieux dire qu'il n'y a

que l'Ignorance et la Sottise qui ne croient pas en Dieu, au lieu d'accuser la Raison et la Science d'athéisme? par ce moyen on ferait sans aucun doute, beaucoup plus aisément des prosélytes que par celui qu'emploie l'auteur de l'Essai sur l'Indifférence en matière de religion, et le but serait atteint; au lieu qu'il est bien loin de l'être par ses ridicules déclamations, contre ce qui flatte le plus l'amour-propre de tous les hommes.

A la suite de ses cent deux pages de citations, après avoir prononcé ces mots : *arrêtons-nous, c'en est assez;* M. l'abbé de La Mennais réunit quelques phrases, qui ne sont pas sans ambition, sans prétention, sans boursouflure, et qui sont couronnées par ce sublime morceau : *A l'écart*, DANS LES TÉNÈBRES, *une autre voix, une voix sinistre a été entendue;* ELLE SEMBLAIT SORTIR D'UN SÉPULCRE *et* SE BRISER A TRAVERS DES OSSEMENTS; *c'était* COMME LA VOIX DE LA MORT (page 346).

On conviendra que ce devait être bien effrayant! *Une voix sinistre* qui *semble* SORTIR D'UN SÉPULCRE *et se briser* A TRAVERS DES OSSE-

MENTS, *à l'écart*, DANS LES TÉNÈBRES, *comme la voix de la mort*..... Il y a de quoi faire frissonner les petits enfants !

Et quelle est cette *voix qui se brise à travers des ossements ?*..... que dit-elle ?..... ce qu'elle dit ?..... Attendez !..... *Les peuples ont prêté l'oreille à ce* BRUIT FUNÈBRE ; *de* SOURDS BLASPHÈMES *sont venus jusqu'à eux.....* Mais alors, dira-t-on peut-être, cette voix n'était pas trop *à l'écart;* le *sépulcre* n'était pas trop profond ; elle ne se *brisait pas à travers des ossements ;* car on n'aurait rien entendu, ou l'on n'aurait pu distinguer que des sons *brisés* ou inarticulés..... N'importe, malgré toutes les observations, *les sourds blasphèmes* sont venus tout entiers jusqu'aux peuples qui *prêtaient l'oreille; ils ont dit :* C'EST LE CRI DE L'ATHÉE ! *et ils ont frémi d'horreur.*

Lecteur bénévole, voilà ce que, de nos jours, dans la bonne ville de Paris, quelques gens donnent pour de l'éloquence !

Quoique M. l'abbé de La Mennais, à propos de citations, nous ait dit, à sa page 345, le fameux *arrêtons-nous, c'en est assez;* il recommence à citer dès sa page 348, et continue jusqu'à la fin de son volume. Ce n'est qu'à de longs intervalles, et avec une étude *microscopique*, qu'on saisit à la volée quelques unes de ces petites phrases que nous avons appelées des *soudures* ou des *traits-d'union* au commencement de cet ouvrage; et ces phrases sont toujours aussi curieuses pour l'amateur, que les plus petits insectes le sont pour le naturaliste.

En voici une : *Quelques insensés ont cherché le* NÉANT *dans l'œuvre du Créateur;* ILS L'ONT APPELÉ A GRANDS CRIS *au milieu de l'univers;* ET, DE MONDE EN MONDE, LA VIE SEULE LEUR A RÉPONDU (page 392).

Pour chercher *le néant* dans une œuvre, il faut supposer que le néant a une forme, une consistance, et l'auteur, qui doit connaître *le néant* puisqu'il l'a sans cesse dans la bouche, devrait bien nous en donner le portrait. Est-ce qu'il ressemblerait à des phrases qui ont la prétention d'exprimer quelque chose, quoiqu'elles ne signifient rien?..... peut-être!

Mais le lecteur se représente-t-il ces *insensés*, en effet très *insensés*, qui se sont avisés *d'appeler à grands cris, du milieu de l'univers* : NÉANT,

NÉANT, *holà, eh!* NÉANT..... *Venez donc par ici, dans le livre de M. l'abbé de La Mennais!.....* et qui ont eu la voix assez forte pour se faire entendre *de monde en monde!.....* et qui ont eu les oreilles assez longues pour entendre *la vie seule qui leur a répondu de monde en monde!.....* Mais pour que le néant pût répondre, il faudrait qu'il eût une voix..... Pourquoi pas? Il y sans doute plus d'un néant qui parle, et sur-tout qui écrit!..... Alors pourquoi ne répondait-il pas, et laissait-il répondre la vie pour lui? Ah! c'est qu'il savait que cette vie lui ressemblait beaucoup, puisqu'elle se faisait entendre par le truchement de l'auteur de l'Essai sur l'Indifférence?

Les *insensés* qu'on vient de voir ne sont pas les seuls; écoutons : *D'autres insensés, prenant leur faible raison pour règle, ne laissent entre le cœur de l'homme et l'objet de ses regrets, que le* SILENCE DU TOMBEAU..... *Ces hommes* DURS ET PRÉSOMPTUEUX *se séparent également des âmes bienheureuses et des âmes souffrantes, parceque leur* ESPRIT GROSSIER *ne conçoit d'autre moyen de communication* QUE LES SENS (page 392).

Le silence du tombeau, le silence du néant

doivent ressembler à la *voix de la mort;* car *la voix de la mort* ne peut être qu'un *silence*, ou doit être en tout pareille à son *silence*.....

Peste ? où prend son esprit toutes ces gentillesses ?.....

Et l'on sait comme *la voix de la mort*, qui semble sortir *d'un sépulcre à l'écart dans les ténèbres, et se briser à travers des ossements*, est effrayante !...... Ainsi *le silence du tombeau* ne l'est pas moins, et devrait épouvanter les *hommes durs et présomptueux !*

Remarque-t-on assez la *subtilité* de M. l'abbé de La Mennais, et comme il hait *les sens ?* Il est vraiment tout *platonique;* et son esprit, bien loin d'être *grossier*, et de se montrer au grand jour, est tellement fin, tellement menu, tellement imperceptible, que le meilleur microscope ne saurait le rendre visible!

CHAPITRE XVIII.

Les hommes naissent criminels. — Justification de l'enfant qui vient de naître. — De l'usage des sacrifices. — Ce qui serait mieux. — Le genre humain condamné à mort. — Coquetterie de la raison envers M. de La Mennais. — Contradiction. — De la morale. — Les devoirs niés. — La philosophie convenant de l'universalité de la loi morale. — Rousseau. — Hésiode. — Jugement unanime des païens. — Humbles questions. — Réponses de M. de La Mennais. — Voyages que nous ne pouvons faire.

Mais comment le crime d'un seul homme, dit ensuite M. l'abbé de La Mennais, *a-t-il* INFECTÉ TOUTE SA RACE? *Comment les enfants peuvent-ils* JUSTEMENT *porter* LA PEINE DE LEUR PÈRE?..... ILS LA PORTENT, *cette peine*, C'EST UN FAIT CONSTANT, *et que dès-lors il n'est* NULLEMENT NÉCESSAIRE D'EXPLIQUER. *Dieu est juste, et nous sommes punis*, VOILA TOUT *ce qu'il est indispensable que nous sachions*; LE RESTE EST DE PURE CURIOSITÉ (page 396).

Voilà qui est parlé! à la bonne heure!

Comme les *esprits grossiers* qui osent faire de pareilles questions doivent être terrassés par un si profond raisonnement!...... par un esprit si subtil!..... Certes, cette réponse doit satisfaire autant que *le silence* que nous venons de voir, ou l'on serait trop difficile à contenter!

Nous craignons cependant que quelques hérétiques, profitant de la permission qu'ils ont jusqu'à un certain point de parler un petit peu sans courir provisoirement le risque d'être brûlés, ne fassent l'humble observation que, tout en adorant Dieu, en reconnaissant la nécessité du culte, ils ont de la peine à concevoir comment ils sont nés criminels, par la raison que le premier homme a péché cinq mille huit cents et quelques années avant qu'ils vinssent au monde!...... Que, sans que cela les empêche de sentir la nécessité de ne diffamer, de ne spolier, de ne violenter, de n'assassiner personne, en un mot de ne faire à autrui que ce qu'ils ne trouveraient point mal qui leur fût fait, ils ont de la peine à comprendre le mystère qui fait porter aux *enfants innocents la peine de leur père*, et qui la leur fait sur-tout porter *avec justice*..... ILS LA PORTENT, cette peine, dit M. l'abbé de La Mennais, et qui plus est, C'EST UN FAIT CONSTANT! et qui est tellement *constant, qu'il n'est nullement nécessaire de l'expliquer!*.... On pourrait trouver que c'est faire le petit Alexandre, et trancher le nœud gordien au lieu de le délier; *Dieu est juste*, on n'en disconviendra pas, mais c'est précisément parcequ'il est juste, qu'il est des personnes qui ne comprennent pas le mystère qui lui fait punir sur les enfants innocents de la vingt-cinq millième génération, au moins, le crime du premier homme; lequel crime encore se réduit à la chétive gourmandise d'avoir goûté un fruit défendu; fruit très commun encore, à moins que les pommes du paradis ne fussent aussi supérieures à celles de la terre, que l'ananas américain ne l'est aux glands de nos forêts..... *Voilà tout ce qu'il est indispensable que nous sachions*; LE RESTE EST DE PURE CURIOSITÉ..... C'est possible, mais *cette pure curiosité* pourrait paraître excusable, et il aurait été plus adroit de la part de M. l'abbé de La Mennais de ne pas agiter des propositions qui peuvent lui attirer des questions embarrassantes.

Et d'où viendrait sans cela, ajoute l'auteur, *l'usage des sacrifices?..... Pourquoi répandre* LE SANG, *et trop souvent* MÊME LE SANG HUMAIN, *si l'on n'avait pas été par-tout persuadé que l'homme devait à Dieu une grande satisfaction, et qu'il était pour lui un* OBJET DE COLÈRE? *A quoi bon tant d'expiations s'il n'y avait rien à expier?* S'IL N'EXISTAIT POINT DE COUPABLES?..... LE GENRE HUMAIN CONDAMNÉ A MORT *songeait moins à demander sa grace qu'à se racheter par la* SUBSTITUTION D'UNE AUTRE VICTIME...... *L'idée que* NOUS NAISSONS IMPURS ET CRIMINELS *était, de toute antiquité, si profondément empreinte dans les esprits, qu'il existait chez tous les peuples* DES RITES EXPIATOIRES *pour* PURIFIER L'ENFANT *à son entrée dans la vie* (page 403).

Il vaudrait peut-être mieux pratiquer en silence les cérémonies usitées dans chaque religion, que de disserter longuement sur des coutumes dont l'origine se perd dans la nuit des temps. M. l'abbé de la Mennais aime fort les proverbes, puisqu'il en cite à chaque instant dans son livre; il doit donc savoir que, pour exprimer la candeur d'un homme, on dit qu'*il est innocent comme l'enfant qui vient de* naître...... Or, comme les proverbes sont la sagesse des nations, il y a beaucoup de gens qui croiront, malgré l'auteur, que *l'enfant à son entrée dans la vie* peut avoir besoin d'être purifié, peut être l'objet d'une cérémonie et d'une fête de famille, mais sans cesser d'être innocent, et sans qu'il ait besoin de cela pour être innocent. *L'idée que nous naissons impurs* et sur-tout *criminels* ne germera donc point dans la tête de ces gens-là.

D'où viendrait sans cela l'usage des sacrifices?..... N'est-il pas plus naturel de supposer que cet usage vient d'une autre cause? Sans doute ceux qui contesteront la criminalité de l'enfant qui vient de naître, ne contesteront pas celle d'un grand nombre d'hommes faits, et même fort mal faits pour l'honneur de l'humanité ; et l'expiation aurait là un motif plus raisonnable, sans pour cela qu'il fût bien de *répandre tant de sang*, et qu'il ne fût pas atroce de répandre le *sang humain.*

L'homme doit à Dieu une grande réparation..... Lorsqu'il commet des fautes et sur-tout des crimes ; mais on aura de la peine à comprendre comment celui qui passe sa vie avec délicatesse, avec pureté, peut être *l'objet de la colère divine;* et ce n'est pas en répondant *c'est constant,* qu'on peut se flatter de persuader.

Quant au *genre humain condamné à mort,* ceci est une légère réminiscence du *tic* de M. l'abbé de La Mennais que nous avons signalé dans notre examen de ses tomes I et II (1). Ainsi passons à autre chose.

Nous trouvons heureusement, pour faire diversion, un petit passage extrêmement curieux.

Il nous resterait à prouver, dit l'auteur, *l'universalité de la morale qui forme une partie essentielle de la religion primitivement révélée. Mais* IL EST SI ÉVIDENT *que tous les peuples* ONT EU LES MÊMES PRINCIPES DE JUSTICE, *que nous croyons inutile d'alléguer les témoignages sans nombre par lesquels on pourrait démontrer cette incontestable vérité de fait.* « Tous les hommes, *comme Platon*
« *l'observe,* avouent qu'on doit être bon ; et si
« l'on demande ce que c'est qu'être bon, il n'est

---

(1) Voyez cet Examen, page 38.

« personne qui ne réponde: C'est être juste,
« tempérant, inébranlable dans la vertu, et
« ainsi du reste » (pages 453 et 454).

Quand une inhumaine veut bien nous honorer d'un sourire, que d'inconséquences n'est-elle pas capable de faire faire à nos fragiles esprits ! Il paraît que la Raison a fait un instant la coquette pour M. l'abbé de la Mennais, et qu'elle lui a fait écrire, sans qu'il s'en aperçut, le petit passage qui précède, afin de détruire de fond en comble tout ce qu'il a écrit jusque-là !

Puisque tous les peuples, toutes les croyances, dans tous les temps, dans tous les lieux, *ont eu les mêmes principes de morale,* puisque c'est là *une incontestable vérité de fait qui n'a pas besoin d'être démontrée, qu'elle a toujours été la base de toutes les religions;* car M. l'abbé de la Mennais trouve par-tout, même chez tous les idolâtres, *la religion primitivement révélée;* si Platon observe très bien que tous les hommes *avouent qu'on doit être bon,* et qu'ils entendent dans ce mot *être juste, inébranlable dans la vertu, et ainsi du reste,* aucune religion n'est mauvaise, aucune ne peut être proscrite, et il n'y a pas de plus grand crime que l'intolérance.

Et qu'il ne se retranche pas derrière la lettre de cette phrase, que *la morale, formant une partie essentielle de la religion révélée, n'en forme qu'une partie;* parceque la Raison lui répondra, dût-elle le faire bouder, que la morale est le point le plus important, le plus indispensable de toutes les religions, que l'homme qui est *inébranlable dans la vertu* est l'homme par excellence ; que, quand il se tromperait de croyance, quand il négligerait quelques cérémonies, quelques prières, pourvu qu'il fût *inébranlable dans la vertu,* tout lui serait pardonné; tandis que le plus véritable croyant, qui aurait la foi la plus aveugle, qui ne manquerait pas une cérémonie, serait digne de la réprobation de Dieu et des hommes, s'il n'était pas *inébranlable dans la vertu.*

Après cela, que M. l'abbé de la Mennais déraisonne tant qu'il lui plaira, eût-il les talents réunis de tous les sophistes passés, présents et futurs, ce qu'heureusement il est bien loin d'avoir, il ne pourrait détruire *cette incontesta-*

ble vérité de fait qui n'a pas besoin d'être démontrée, et qui est comme un roc formidable que tous les efforts humains ne sauraient ébranler.

Jamais les devoirs n'ont été niés, ajoute l'auteur, *que par la raison philosophique.* IL EST VRAI qu'on trouve chez quelques peuples des USAGES QUE RÉPROUVE LA MORALE UNIVERSELLE (page 454).

Puisqu'*il est vrai qu'on trouve chez quelques peuples des usages que la morale universelle réprouve,* comment peut-il se faire que *la raison philosophique* ait tort de *nier* la nécessité de remplir de pareils *devoirs*? Fallait-il que la *raison philosophique,* pour plaire à M. l'abbé de La Mennais, approuvât et même excitât le Géte à assassiner ses parents avancés en âge, afin de leur épargner les maux de la vieillesse? l'Assyrien à prostituer sa femme dans le temple de la déesse Mylitta? et une foule d'autres prétendus *devoirs,* qui par-tout ailleurs inspireraient une horreur profonde?.....

La philosophie ELLE-MÊME *convient de l'universalité de la loi morale,* dit-il encore (page 455).

C'est précisément non pas parcequ'elle *convient de l'universalité de la loi morale,* mais parcequ'elle proclame que la morale est la base de toutes les religions, que la philosophie voue à l'exécration des contemporains et de la postérité, *l'intolérance* et *les intolérants* de tous les temps et de tous les lieux ; c'est parcequ'elle veut propager la morale, qu'elle s'élève contre tous les abus, car tous les abus sont immoraux ; c'est parceque sa raison lui dit que la prostitution publique d'une femme par son mari, l'assassinat d'un père par son fils, les bacchanales et les saturnales des païens, les orgies de la *Mère-folle* et de la *Société des fous de Dijon*, des *Garçons sans souci*, les *jeux de la Fête-Dieu d'Aix en Provence*, et tant d'autres, sont des crimes et des extravagances, qu'elle nie que ce soient des *devoirs*.... Qui peut donc blâmer la philosophie?

En cet endroit de son livre M. l'abbé de La Mennais nous donne un fragment de Rousseau et un de Voltaire, pour prouver que la philosophie reconnaît *l'universalité de la loi morale!* Il aurait bien pu nous en donner mille, car ces deux grands hommes objets des criailleries des sots et de la stupide haine des hypocrites.

ont presque toujours, ainsi que les autres véritables philosophes, écrit sous la dictée de la Raison et de l'Humanité.

Revenant encore au *consentement commun*, ou à *l'autorité générale*, ou au *témoignage universel*, etc., car M. l'abbé de La Mennais a au moins une demi-douzaine d'expressions pour indiquer la même chose, il nous dit : *Ouvrez les poëmes d'Hésiode, contemporain d'Homère, vous y verrez cette* MAXIME, *qui est tout ensemble et le* PRINCIPE DE LA SAGESSE, *et le fondement de la tradition* : CE QUE PLUSIEURS PEUPLES ATTESTENT NE SAURAIT ÊTRE FAUX (page 465).

Plein d'une vaine confiance en vous-même, oserez-vous opposer au JUGEMENT UNANIME *des hommes votre* JUGEMENT PARTICULIER (ibid) ?

Il ne faut donc pas *oser ?* hé bien, n'osons pas !

Cependant *Hésiode, contemporain d'Homère* (1), écrivait la *maxime* qui plaît tant à M. l'abbé de La Mennais, huit siècles et cin-

---

(1) Hésiode fleurissait 30 ans avant Homère. (Bossuet, discours sur l'Histoire universelle.)

quante-cinq ans avant Jésus-Christ. Les *peuples étaient tous païens*, à l'exception du petit peuple hébreu qui n'occupait qu'un territoire de quelques provinces.

Ce que plusieurs peuples attestaient et qui ne pouvait être faux, d'après *Hésiode*, était conséquemment *l'idolâtrie*, qui, d'après le passage de Rousseau, cité par M. l'abbé de La Mennais, avec approbation, à sa page 455, se composait d'une multitude de *cultes inhumains et bizarres, de cet ancien paganisme qui enfanta des dieux abominables qu'on eût punis ici-bas comme des scélérats, et qui n'offraient pour tableau du bonheur suprême que des forfaits à commettre et des passions à contenter.*

Or, nous n'oserons pas *opposer* notre *jugement particulier* au *jugement unanime des hommes* (qui étaient païens du temps d'*Hésiode*), puisque M. l'abbé de La Mennais nous le défend; mais nous prendrons seulement *la liberté grande* de lui demander très humblement s'il est digne d'un bon chrétien, d'un fidèle catholique, de trouver *le principe de la sagesse et le fondement de la tradition* dans une *maxime* d'après laquelle tous les hommes de ce temps-là et des temps qui l'ont suivi, sans aucune espèce d'exception, auraient dû, comme dit Rousseau dans le même fragment cité par l'auteur, *célébrer les débauches de Jupiter, adorer l'impudique Vénus, sacrifier à la peur, servir les plus méprisables divinités*, etc., etc.?

Nous prendrons de plus la *liberté* non moins *grande* de lui demander encore plus humblement ce qu'il faut penser des premiers chrétiens, qui opposèrent leurs *jugements particuliers* au *jugement unanime des hommes;* et qui établirent la religion de Jésus-Christ, malgré que le *consentement commun*, *l'autorité générale*, le *témoignage universel*, le *jugement unanime des hommes* fût ou fussent en faveur du paganisme?..... et jusqu'à ce qu'il nous ait répondu d'une manière *claire* et *précise*, il nous permettra de ne pas *oser* aller plus avant, et de ne pas *oser* lui soumettre d'autres questions à ce sujet.

Nous ne lui ferons même pas connaître ce que nous croyons là-dessus, parcequ'il ne manquerait pas de répondre : *Sophocle vous dira* QUE CELUI QUI CROIT AVOIR RAISON SEUL EST VIDE DE SENS. IL Y A EN EFFET DANS LE NOMBRE

MÊME, *comme le remarque Pline,* UNE RAISON SUPÉRIEURE QUI RÉSULTE DE L'UNION. *Mais personne n'a mieux vu qu'Héraclite*, etc. *C'est ainsi que Sextus Empiricus expose,* etc. *Aristote lui-même avoue,* etc. *Demandez à Cicéron,* etc. *Aussi Socrate,* etc. ; *et saint Thomas, et encore Cicéron*, et... et... et... Nous faisons grace au lecteur de toutes les citations terrassantes que ces petites *soudures* réunissent (pages 466 à 475).

Nous ferons seulement observer à M. l'abbé de La Mennais que c'est à lui-même que nous adressons nos questions; que nos affaires ne nous permettent pas de faire un voyage à Rome pour *demander à Cicéron* ce que nous aimerions assez savoir; ni en Grèce pour questionner Socrate; qu'il ne fait pas très bon voyager, dit-on, dans la Romanie, attendu qu'il y a beaucoup de voleurs; ni en Grèce, attendu que les Turcs et les Hellènes se font la guerre; que d'ailleurs il n'est pas très certain que nous pussions parvenir jusqu'à trouver Cicéron, Pline, Sextus Empiricus, saint Thomas, Sophocle, Socrate, Héraclite et tant d'autres.... Ainsi nous comptons sur son extrême complaisance et son excessive bonté.

CHAPITRE XIX.

Du tome IV.—Récapitulation des faits.—Proposition qui sent les bancs.—De la continuité des faits physiques et moraux.—Impossibilité de prévoir l'avenir.—Mort physique de presque tout le genre humain actuel.—Passons au déluge.—Ce qu'il fallait écrire.—Citation de M. Cuvier.—Qu'il ne faut pas injurier les savants, lorsqu'on veut s'étayer de leurs opinions.—Résumé véritable de la citation de M. Cuvier. — Nouvelle maladresse de M. de La Mennais.—Hérésies de M. Cuvier.

Ce n'est pas sans peine, sans fatigue, sans travail, que nous avons fini le tome III de l'Essai sur l'Indifférence en matière de religion ; nous allons donc aborder le tome IV qui nous suggèrera moins d'observations que l'autre : non qu'il vaille mieux, mais parceque, l'auteur répétant continuellement les mêmes propositions, nous laisserons de côté la plupart de celles que nous avons combattues, pour ne signaler que celles qui pourront nous fournir des remarques nouvelles.

Les chapitres XXIX et XXX, qui commencent ce volume, sont consacrés à prouver, comme l'auteur prouve ordinairement, que *la perpétuité est un caractère du christianisme.*

Dès son début, il nous rappelle qu'il a déja démontré *que*, *malgré* LE DÉRÈGLEMENT DES MOEURS *et* LES ÉGAREMENTS DE L'ESPRIT, *il fallait reconnaître* PAR-TOUT *la même conscience, la même raison,* LA MÊME RELIGION.....; qu'*ainsi* LA RELIGION EST UNIVERSELLE (pages 1 et 2).

Nous sommes donc obligé malgré nous de rappeler au lecteur que de tous les temps et dans tous les lieux, malgré le déréglement des mœurs et les égarements de l'esprit, nous avons reconnu par-tout à-peu-près les mêmes principes de justice, mais *point du tout* LA MÊME RELIGION.

Si M. l'abbé de La Mennais nous disait qu'il a vu *par-tout une religion différente; qu'il n'a vu aucun pays sans religion quelconque;* que toutes ces religions diverses se ressemblent pour le fond; on pourrait être de son avis : mais soutenir que les idolâtres, qui, à eux seuls, ont eu et ont encore d'innombrables religions; que les Juifs qui ont plusieurs schismes; que les mahométans, que l'Église romaine, l'Église gallicane, l'Église grecque et orientale, l'Église anglicane, les sectes du protestantisme, tout cela ne forme qu'une seule et *même religion*, c'est soutenir une absurdité gigantesque qui ne peut obtenir quelque créance que parmi les fous et les idiots.

Ainsi il est vrai de dire que dans toutes les parties de l'univers il y a une religion quelconque ; mais il est absurde d'avancer qu'il y a par-tout *la même religion ;* que cette religion qu'on trouve par-tout est le christianisme, et que partant, *la religion chrétienne est universelle.*

S'appuyant sur le faux principe qu'il vient de poser, il nous dit aussitôt : *Puisque l'expérience montre* QU'IL EN EST AINSI (que la religion chrétienne est universelle) *alors même que les nations semblent avoir atteint le dernier degré de la corruption*, IL EN EST AINSI TOUJOURS; *car une moindre corruption n'est qu'un moindre éloignement de la loi de vérité et de la loi d'ordre : d'où il suit que* L'UNIVERSALITÉ DE LA RELIGION *dans les temps où ses préceptes ont été le plus violés* PROUVE SON UNIVERSALITÉ *dans tous les temps,* OU SA PERPÉTUITÉ.

Voilà une proposition qui sent les bancs de l'école d'une lieue de loin; elle est pis que paradoxale, elle est tout-à-fait sophistique. S'il s'agissait d'un fait physique, démontré infaillible, on pourrait juger en quelque sorte, non avec affirmation, mais avec présomption, que le même fait qu'on a toujours vu se verra toujours de même ; ainsi il serait permis de dire : *Puisqu'il a constamment fait jour à midi en France, lorsqu'il n'y a pas eu d'éclipse de soleil, il est probable qu'il fera dans tous les temps jour à pareille heure en France, pourvu qu'il n'y ait pas d'éclipse de soleil.*

Ce n'est cependant là qu'une probabilité, et non une certitude, attendu qu'on n'est point certain des révolutions physiques qui peuvent s'opérer par la suite des temps sur une partie du globe. Que sait-on ? peut-être dans trois ou quatre mille ans l'axe de la terre sera placé différemment qu'il ne l'est aujourd'hui, et la France sera dans une obscurité profonde à midi ; cela n'est point probable ; mais qui peut avoir la certitude que cela n'aura point lieu ?

Or, si l'on ne peut répondre de la continuité des faits physiques, comment peut-on répondre de la continuité des faits moraux ?

A la suite d'un siècle d'abrutissement que

bien des gens voudraient pouvoir amener de suite, qui peut répondre qu'il ne paraîtra pas un autre Mahomet, un imposteur habile et formidable, qui étendra sa domination sur toute la partie du globe où le christianisme est établi, en imposant une religion nouvelle par-tout où il pénétrera? cela n'est ni probable, ni à desirer; mais, encore une fois, personne au monde ne peut être positivement certain, et donner une preuve incontestable que cela ne sera pas. L'empire romain était bien plus puissant sous Auguste qu'aucun empire du monde; le paganisme couvrait encore plus de contrées que le christianisme n'en occupe aujourd'hui; et si quelqu'un avait alors annoncé, quoique Jésus-Christ ne fût pas encore né, que le paganisme disparaîtrait de Rome, de toutes les Gaules et de tous les autres pays soumis à la puissance du grand empire, on n'auraitpas plus trouvé cette révolution probable, qu'on ne peut trouver aujourd'hui probable une autre révolution de même nature, qui substituerait au christianisme une religion inconnue aujourd'hui.

Ce qui précède n'est point émis pour prouver que cela sera, mais pour prouver que le moyen avec lequel M. l'abbé de La Mennais établit la perpétuité du christianisme ne vaut absolument rien.

Dira-t-il que le paganisme n'étant point le culte du vrai Dieu, quoiqu'il ait dit qu'il conservait la notion d'un Dieu unique, du vrai Dieu, et qu'il ait même affirmé que les païens adoraient le vrai Dieu à travers celui de leurs dieux qu'ils mettaient au-dessus des autres ; dira-t-il que le paganisme n'étant point le culte du vrai Dieu, on devait prévoir que le vrai Dieu y substituerait un culte digne de lui, tandis que le christianisme étant son véritable culte, il est impossible de supposer qu'il permette dans les siècles à venir qu'on lui en substitue un autre ?..... Mais puisque Dieu a permis que sa véritable religion fût inconnue dans l'univers entier pendant quatre mille quatre ans; puisqu'il permet encore qu'elle soit méconnue par six cent cinquante-sept millions cinq cent mille idolâtres, cent quarante millions de musulmans, deux millions cinq cent mille Juifs, et cent dix millions de protestants ou schismatiques que M. l'abbé de La Mennais ne veut pas reconnaître pour chrétiens, quoique de temps en temps il nous affirme que les idolâtres servent le vrai Dieu; pourquoi ne permettrait-il pas que les quatre-vingt-dix millions de catholiques romains, et même les autres cent dix millions de chrétiens réformés ou schismatiques; car, quoi que l'auteur de l'Essai sur l'Indifférence en dise, nous ne pouvons consentir à les reléguer comme lui parmi les idolâtres; pourquoi ne permettrait-il pas, disons-nous, que, pour les punir de leurs péchés, ils fussent subjugués et convertis par un imposteur ?..... Il est difficile de prouver l'impossibilité absolue de cette supposition; car, pour savoir ce que Dieu permettra, il faut être lui-même.

M. l'abbé de La Mennais nous dit de plus que *la religion est nécessaire* A LA CONSERVATION DE LA VIE PHYSIQUE, *morale et intellectuelle* (page 2); *qu'elle n'a jamais pu et ne pourra jamais être ignorée par l'homme*, attendu qu'*autrement* DIEU LUI AURAIT REFUSÉ, EN LUI DONNANT LA VIE, LE MOYEN DE LA CONSERVER, *ce qui est tout ensemble et contradictoire et démenti par le fait*, PUISQUE L'HOMME EXISTE (page 3).

Ainsi, d'après cela, tous ceux qui ne connaissent pas la religion, ou qui ne la pratiquent pas selon l'Église romaine, SONT MORTS PHYSIQUEMENT !..... Il nous avait déja dit dans son tome II que les athées n'existaient pas ; *qu'ils ne pouvaient être, puisqu'ils ne croyaient pas au mot être* (1); qu'il n'y avait conséquemment d'athées que les statues; il nous avait dit de plus, dans son tome I : *L'Angleterre est morte,* quoique le gros John-Bull jouisse d'une santé passablement robuste (2). Aujourd'hui c'est encore plus fort; d'un seul trait de plume il fait mourir presque tout le genre humain..... Quel terrible homme que M. l'abbé de La Mennais ! La peste, la famine, les volcans, les submersions, les guerres les plus désastreuses, ne sont que des bagatelles au prix de lui !

Ici l'auteur, dans la crainte de finir trop vite son ouvrage, nous ramène à la création du

---

(1) Voyez notre Examen critique des tomes I et II, page 173.
(2) Voyez notre Examen critique des tomes I et II, page 46.

monde (page 4), et recommence ses citations de Platon, de Sanchoniation, d'Eusèbe etc., etc., et même des Métamorphoses d'Ovide......

......Passons au déluge !

La terre et ses coupables habitants sont ensevelis sous les eaux..... (page 10.)

Nous y voici!....

Un seul juste *échappe avec sa famille au naufrage universel* pour repeupler *le monde désert, et sauver le genre humain d'une entière destruction.*

C'est bien cela !

Nous ne ferons que peu d'observations au sujet de ce passage, et elles concerneront moins le déluge que la manière dont M. l'abbé de La Mennais en parle.

D'abord il n'aurait pas dû écrire *un seul juste échappe avec sa famille*, parceque cela pourrait faire supposer qu'il y avait d'autres *justes*, qui néanmoins furent noyés comme les méchants, et cette idée serait inconvenante et bien certainement inexacte ; or, il falloit écrire : *Il n'existait plus qu'un seul juste, et ce juste fut sauvé avec sa famille.*

Il ne fallait pas non plus ajouter *pour repeu-*

pler le monde désert, et sauver le genre humain d'une entière destruction; attendu que cela pourrait faire naître deux suppositions également indignes de la bonté et de la puissance divine ; l'une que Dieu aurait fait périr Noé, quoique *seul juste*, s'il n'avait pas voulu lui faire *repeupler le monde désert;* l'autre que Dieu avait besoin de Noé pour *sauver le genre humain d'une entière destruction.*

Or, il est évident que Dieu pouvait faire repeupler le monde s'il l'avait voulu par tout autre que par Noé ; qu'il pouvait à son gré créer une autre race d'hommes, et pour notre part nous n'en aurions pas été fâché ; il est évident qu'il pouvait aussi sauver le genre humain sans Noé.

M. l'abbé de La Mennais aurait donc dû écrire : *Et ce juste repeupla le monde désert.*

Après nous avoir dit que *notre globe offre par-tout des traces si évidentes du déluge qu'aucune vérité physique n'est aujourd'hui regardée comme plus certaine par les géologues* (page 11 et 12), sa passion de citer l'entraîne et lui fait donner tout au long un fragment de M. Cuvier.

Or, nous lui apprendrons d'abord que s'il

voulait s'étayer d'un savant, il ne fallait pas dire que *la science est une orgueilleuse corrompue, une ignorante* etc. ; ni se permettre une foule d'autres petites duretés qui n'auront pas paru tendres ni douces à tout le monde; que s'il voulait s'étayer d'un géologue, il ne devait pas injurier les géologues anciens et modernes, au point d'assurer que *toutes leurs observations n'étaient que des* RÊVERIES MÉTAPHYSIQUES QUI NE PROUVENT RIEN, *si ce n'est* LA FAIBLESSE ET L'ORGUEIL DE LA RAISON HUMAINE (1).

Après ces courtes remarques dont il peut faire son profit pour une autre fois, comme il l'a fait pour les *cadavres* qui se trouvaient toujours dans sa bouche avant notre examen de ses tomes I et II, nous lui conseillerons de ne pas puiser dans le livre d'un *orgueilleux* hérétique (2), sur-tout lorsque sa science est audacieuse au point d'affirmer qu'il y a eu plusieurs déluges, plusieurs justes de sauvés, et plusieurs espèces d'animaux qui n'ont pas trouvé de place dans l'arche de Noé, puisque leur race

---

(1) Voyez cet ouvrage, page 224.
(2) M. Cuvier est protestant.

a complétement disparu des globes depuis le déluge ou les déluges......

Ce n'est pas nous qui disons cela, au moins nous nous en garderions certes bien! c'est M. Cuvier, dans l'ouvrage cité par M. l'abbé de La Mennais! il va même jusqu'à nous faire voir dans ses planches les squelettes de ces animaux...... En vérité, il faut convenir qu'on ne peut pas pousser plus loin ces RÊVERIES *métaphysiques* QUI NE PROUVENT RIEN, SI CE N'EST LA FAIBLESSE ET L'ORGUEIL DE LA RAISON HUMAINE!

Aussi nous n'en dirons pas davantage; nous ne voulons même pas faire connaître le titre de son livre; il n'est que trop connu! et quand on brûlerait tous ces ouvrages et tous ces savants, cela ne vaudrait que mieux!

Revenons en conséquence à ceux qui ne sont pas savants.

Nous dirons donc à M. l'abbé de La Mennais, qu'il a manqué d'adresse en citant le passage en question; qu'il s'y trouve ces mots : « Cette
« *révolution a enfoncé et fait disparaître le pays*
« *qu'habitaient auparavant les hommes et les espèces*
« *d'animaux aujourd'hui les plus connues;* qu'*elle*
« *a au contraire mis à sec* le fond de la dernière

« mer, et en a formé LES PAYS HABITÉS aujour-
« d'hui ; que c'est depuis cette révolution que *le
« petit nombre des individus épargnés* par elle se
« sont propagés sur les *terrains nouvellement mis
« à sec*, etc. »

Il y a là-dedans autant d'hérésies que d'observations, et il était bien plus convenable de les laisser oubliées, comme elles le sont dans l'ouvrage de M. Cuvier, qui n'est lu que par des savants *orgueilleux*, *ignorants et corrompus*, que de les transporter dans un livre comme celui de l'Essai sur l'Indifférence en matière de religion qui survivra à tous les naufrages comme la colombe de l'arche survécut au déluge.

CHAPITRE XX.

Examen des hérésies de M. Cuvier. — Première hérésie. — Deuxième hérésie. — Troisième hérésie. — Quatrième hérésie. — Observations sur la maladresse de M. de La Mennais. — Autres passages de l'ouvrage de M. Cuvier, qui combattent le déluge. — Nos conclusions sur les systèmes géologiques.

Afin de mieux prouver ce que nous avons avancé à la fin du précédent chapitre, nous allons examiner les hérésies de M. Cuvier.

PREMIÈRE HÉRÉSIE. L'Écriture nous apprend que le déluge eut lieu au moyen d'une pluie qui dura quarante jours et quarante nuits; qu'à l'aide de cette pluie dont les gouttes devaient être plus rapprochées que les molécules de l'air, et qui conséquemment devait étouffer tous les hommes et tous les animaux avant de les noyer, la terre se trouva complétement submergée; qu'au bout de ce temps les eaux séjournèrent cent cinquante jours et mirent dix mois à se retirer; et qu'enfin Noé sortit de l'arche avec sa famille et les paires d'animaux qu'il y avait introduites, ce qui suppose un vaisseau (1) pour le moins aussi spacieux que la plus grande ville du monde, qui ne peut avoir été construit que par un miracle, sans compter la peine que Noé a dû avoir non seulement pour réunir ces innombrables animaux, mais encore pour les empêcher de se manger les uns les autres pendant que le tigre était à côté de l'agneau, le vautour à côté de la colombe, etc., etc., etc.

Or, le passage cité par M. l'abbé de La Mennais ne parle pas des quarante jours et quarante nuits de pluie; il ne prononce pas même le mot *déluge*; il dit seulement une *révolution*. Conséquemment *une révolution* n'est pas *une pluie de quarante jours et de quarante nuits;* ce peut être un tremblement de terre considérable, presque général, ou même plusieurs tremblements de terre successifs qui déplacent les eaux et les montagnes, enfoncent les pays hauts et soulèvent les pays plats; de là suit, sans qu'il soit question de quarante jours et

---

(1) L'arche n'avait, d'après la Genèse, que 300 coudées de long, 50 coudées de large, et 30 coudées de haut.

quarante nuits de pluie; la submersion des pays habités par les hommes et les animaux terrestres.

DEUXIÈME HÉRÉSIE. L'Écriture nous dit que trente-quatre jours avant de sortir de l'arche Noé avait fait sortir une colombe qui lui rapporta une branche d'olivier, ce qui lui fit connaître que les lieux submergés ne l'étaient plus.

Or, que prétend le passage cité par M. l'abbé de La Mennais?..... Que *cette révolution* A ENFONCÉ ET FAIT DISPARAITRE LE PAYS *qu'habitaient auparavant les hommes et les espèces d'animaux aujourd'hui les plus connues. Qu'elle a au contraire* MIS A SEC LE FOND DE LA DERNIÈRE MER *et en a* FORMÉ LES PAYS HABITÉS AUJOURD'HUI.

Conséquemment d'après ce passage les eaux ne se seraient pas retirées des lieux où cette révolution les avait fait venir; les pays habités avant cette époque seraient maintenant le fond de l'Océan, et nous nous promènerions très tranquillement à pied sec au fond des anciennes mers!... C'était bien le cas pour M. l'abbé de La Mennais de crier contre les *rêveries métaphysiques* du géologue moderne, au lieu de vouloir s'étayer de ses hérésies, et de trouver au contraire que ce passage *ne prouve rien, si ce n'est la faiblesse et l'orgueil de la raison humaine!*

TROISIÈME HÉRÉSIE. Noé fait sortir la colombe de l'arche qui lui rapporte une branche d'olivier.

Or, si les eaux avaient quitté leurs lits pour couvrir toute la terre, et y demeurer stationnaires, la colombe n'aurait point trouvé d'olivier, attendu que cet arbre ne croît pas au fond de la mer, mais bien sur la terre, à une exposition chaude.

Conséquemment ce passage nie tacitement la branche d'olivier apportée par la colombe.

QUATRIÈME HÉRÉSIE. Noé sortit seul de l'arche avec ses trois enfants Sem, Cham, et Japhet, leurs femmes et les paires de chaque espèce d'animaux, sans oublier celle de l'âne, qui a produit la postérité la plus nombreuse.

Or, le passage cité par M. l'abbé de La Mennais ne mentionne point l'arche; il ne dit pas qu'il n'y eut que sept paires de chaque espèce d'animaux purs et d'oiseaux, et deux paires de chaque espèce d'animaux impurs, et qu'il ne restait que Noé avec ses trois enfants et leurs femmes ; mais il dit textuellement : *Le petit nombre d'individus épargné par elle* (cette révolution) *se sont propagés sur les terrains nouvellement mis à sec.*

Conséquemment *un petit nombre d'individus* est un nombre. L'on ne peut prétendre que cela n'indique que Noé, ses trois enfants et leurs femmes; car alors il aurait fallu dire *la seule famille épargnée*, au lieu du *petit nombre épargné*; ainsi c'est bien encore là une véritable hérésie, puisque la Genèse dit positivement que, de tous les hommes, il n'y eut que Noé, ses trois enfants, et leurs femmes, qui furent épargnés par le déluge.

Comment se fait-il donc que M. l'abbé de La Mennais soit maladroit au point de vouloir prouver le déluge avec un passage qui le combat?... Ainsi en voulant appuyer la Bible il la contredit!.... Est-ce que depuis qu'il se met en opposition dans son journal avec le ministère, il se sent entraîner malgré lui au point de se mettre en opposition dans son ouvrage même avec la Genèse?.... En vérité, *jamais rien de semblable ne s'est vu! n'aurait pu* même s'imaginer, et si l'on ne se dépêche de défendre la même cause avec plus d'habileté, bien des gens ne voudront peut-être plus croire au déluge!

Mais, ce qui est plus fort, s'il en fallait croire l'ouvrage cité par l'auteur de l'Essai sur l'Indifférence en matière de religion, il y aurait eu de nombreux bouleversements de la terre; voyons la conclusion du passage qui émet ces probabilités : « La vie a donc *souvent été troublée* sur cette terre par des *événements terribles;* calamités qui dans les commencements *ont peut-être remué dans une grande épaisseur* l'enveloppe entière de la planète; mais qui depuis sont toujours devenues moins profondes et moins générales. *Des êtres vivants sans nombre* ont été victimes de ces catastrophes; les uns ont été détruits par *des déluges,* les autres ont été *mis à sec* avec le fond des mers *subitement relevé;* leurs *races* mêmes *ont fini pour jamais,* et ne laissent dans le monde que quelques débris à peine reconnaissables pour les naturalistes (1). »

―――――――――

(1) Recherches sur les ossements fossiles des qua-

On voit qu'il ne s'agit point d'un déluge, mais de *plusieurs;* qu'il s'agit aussi de l'inverse d'un déluge, puisqu'il existait des animaux qui ont été *détruits* faute d'eau par la suite *d'événements terribles* qui auraient *subitement relevé le fond des mers;* qu'il n'est pas question d'arche; et qu'il existait des *races* d'animaux *qui ont fini pour jamais!*

Ce qu'on trouve de plus extraordinaire encore dans le même ouvrage, c'est la probabilité émise par M. Cuvier que l'espèce humaine n'a commencé que depuis les dernières catastrophes de notre globe et les derniers déluges. Voyons encore sa conclusion : « Tout porte
« à croire que *l'espèce humaine n'existait point*
« dans les pays où l'on découvre les os fossiles,
« à l'époque *des révolutions qui ont enfoui ces os*,
« car il n'y aurait eu aucune raison pour
« qu'elle *échappât tout entière à des catastrophes*
« *aussi générales*, et pour que ses restes ne se
« retrouvassent pas aujourd'hui comme ceux
« des autres animaux; mais je ne veux pas

---

drupèdes, par M. Cuvier, in-4, tome I, discours préliminaire, page IX.

« conclure de là que l'homme n'existait point
« du tout avant cette époque. *Il pouvait habiter
« quelques contrées peu étendues,* d'où il a repeu-
« plé la terre après ces événements terribles ;
« peut-être aussi *les lieux où il se tenait ont-ils
« été entièrement abymés,* et ses os ensevelis *au
« fond des mers actuelles,* à l'exception du *petit
« nombre d'individus,* qui on tcontinué son es-
« pèce. Quoi qu'il en soit, *l'établissement de
« l'homme* dans les pays où nous avons dit que
« se trouvent les fossiles d'animaux terrestres,
« c'est-à-dire *dans la plus grande partie de l'Eu-
« rope, de l'Asie et de l'Amérique,* est nécessaire-
« ment *postérieur,* non seulement aux *révolu-
« tions* qui ont enfoui ces os, mais encore à
« *celles* qui ont mis à *découvert* les couches
« (de terre) qui les envelopppent; *révolutions
« qui sont les dernières que le globe ait subies;* d'où
« il est clair que l'on ne peut tirer ni de ces
« os eux-mêmes, ni des amas plus ou moins
« considérables de pierres ou de terre qui les
« recouvrent, *aucun argument en faveur de l'es-
« pèce humaine* de ces divers pays.

« Au contraire, en examinant bien ce qui
« s'est passé à la surface du globe, depuis

« qu'elle a été *mise à sec* pour la dernière fois,
« et que les continents ont pris leur forme
« actuelle, au moins dans les parties un peu
« élevées, *l'on voit clairement que cette dernière
« révolution*, et par conséquent *l'établissement
« de nos sociétés actuelles* ne peuvent pas être
« très-anciens. *C'est un des résultats à-la-fois
« les mieux prouvés* et les moins attendus de
« la saine géologie; résultat d'autant plus
« précieux qu'il lie d'une chaîne non inter-
« rompue l'histoire naturelle et l'histoire ci-
« vile (1). »

Conséquemment, si l'espèce humaine n'existait sur la terre que nous habitons, que depuis la dernière des révolutions qui ont bouleversé le globe, et qu'elle n'y eût pas existé antérieurement, on voit ce que l'histoire du déluge deviendrait.

Nous ne nous sommes point arrêté là-dessus, pour appuyer toutes les opinions de M. Cuvier; car nous ne croyons pas encore la matière suffisamment explorée, pour qu'il soit possible à l'homme d'avoir des données

---

(1) Même ouvrage, même tome, pages lxvii et lxviii.

assez positives, assez certaines, sur ce sujet. Les recherches sur les ossements fossiles fourmillent de faits curieux et intéressants; elles sont de nouvelles routes ouvertes pour les savants et les observateurs, mais elles ne sont encore que des routes qui laissent l'histoire de notre globe, et du genre humain, au même point qu'auparavant; d'ailleurs depuis que cet ouvrage est imprimé, on dit qu'il a été découvert en Amérique des ossements fossiles de l'homme; si donc quelques points sont prouvés, il en reste encore d'innombrables a éclaircir.

Les systèmes géologiques se sont succédé, et se succéderont peut-être encore long-temps avant de trouver la vérité, si on la trouve. Mais pourrait-on concevoir, si l'on ne le voyait, qu'un homme citât pour prouver le déluge, un ouvrage qui le combat en tous points, et qui tend à établir des faits diamétralement opposés ! Il n'y avait peut-être que M. l'abbé de La Mennais au monde qui pouvait être aussi maladroit.

CHAPITRE XXI.

Platon ne veut pas qu'on raisonne. — M. de La Mennais, quoique n'étant pas Platon, ne le veut pas non plus.—Attaque contre la philosophie.— Examen des arguments de M. de La Mennais à ce sujet.—Injures nouvelles contre la raison.— Excuses de la raison. — Méthode de M. de La Mennais.

De citations en citations, que nous laisserons de côté pour abréger, et qui d'ailleurs ne sont pas plus heureuses les neuf dixièmes du temps, pour appuyer les assertions que l'auteur émet avec une maladresse aussi imperturbable que son assurance, nous arrivons à une maxime de Platon, qui a le malheur de mériter les éloges de M. l'abbé de La Mennais, et qui est plus digne de lui que du divin philosophe grec.

Platon veut qu'on ajoute foi, SANS RAISONNER, *à ce que les anciens nous ont appris touchant les choses qui concernent la religion.* NOUS LES CROIRONS, DIT-IL, AINSI QUE LA LOI L'ORDONNE. *Quoi de plus clair que ces paroles? Est-il possible d'établir en termes plus exprès l'autorité de la tradition, qui, pour demeurer ferme,* n'a nul besoin de l'appui du raisonnement, *et contre laquelle* on n'est jamais admis a raisonner (pages 64 et 65.)?

Quel formidable ennemi de la raison et du raisonnement que M. l'abbé de la Mennais ! C'est sans doute pour cela qu'il se plaît tant dans l'inverse du raisonnement et de la raison ! S'il se livrait paisiblement et exclusivement à sa passion, on pourrait le laisser s'y délecter tout à son aise, aussi long-temps et aussi fort qu'il lui plairait; mais il ne se borne pas à ne point vouloir raisonner lui-même, il veut absolument que les autres soient contraints à ne pas plus raisonner que lui; il voudrait qu'on fît une loi pour défendre la raison et le raisonnement, sous peine de mort; il est peut-être même fâché que Platon n'ait pas fait promulguer une loi pareille, qui serait parvenue jusqu'à nous dans toute sa force, et comme il nous rappelle que Tite-Live a conservé *cette maxime que les Romains regardaient comme fondamentale:* il n'y a jamais de raison de changer ce qui

EST ANTIQUE, (page 68), nous serions tous idolâtres au lieu d'être chrétiens, et l'ultramontanisme s'en trouverait sans doute mieux aux yeux de M. l'abbé de la Mennais!

C'est parce que cette loi n'a pas été faite, que la *philosophie* A ÉBRANLÉ, PAR LE RAISONNEMENT, *les croyances traditionnelles*, au dix-huitième siècle en Europe, comme *elle les avait ébranlées dans la Grèce et à Rome!* qu'elle a, de plus, PAR LE RAISONNEMENT, OBSCURCI TOUTES LES VÉRITÉS, NIÉ TOUTES LES LOIS, *en niant la loi divine, et* CREUSÉ UN ABYME AU FOND DUQUEL LA SOCIÉTÉ *toute* BRISÉE, *toute* SANGLANTE, *se débat dans des* CONVULSIONS *qu'on peut craindre être le présage de sa fin* (page 78).

Et l'on ne peut contester que ce ne soient là d'épouvantables malheurs! nous ne savons même pas si la gloire d'être chrétiens peut en dédommager, selon M. l'abbé de La Mennais; car, attendu qu'il ne le dit pas, on peut supposer la négative!

Nous avons cru jusqu'à ce jour, qu'à la vérité *le raisonnement* était un puissant levier pour *ébranler* et même renverser les erreurs, mais que ce levier se métamorphosait en flambeau radieux lorsqu'il s'agissait de montrer les vérités au grand jour; nous avons cru de plus, que *le déraisonnement* était le seul instrument avec lequel on eût l'ambition d'ébranler les vérités, ou le seul nuage avec lequel on prétendît les obscurcir; mais que la fragilité de cet instrument le rendait impuissant, et que, lorsqu'il se changeait en nuage pour rendre invisibles les vérités, le flambeau de la raison ou de la philosophie le dissipait sans effort comme une ombre légère.

Il paraît que c'était ainsi; mais que M. l'abbé de La Mennais a jugé à propos de changer tout cela, comme aussi d'armer le raisonnement d'une pioche, pour creuser un *abyme*, au fond duquel il lui fait précipiter la *société*, qui s'y *débat* toute *brisée*, toute *sanglante*, dans des *convulsions*, *présage de sa fin*..... et conséquemment de la fin du monde, ou de la fin des hommes, ou du genre humain; car la société, les hommes, le genre humain, c'est la même chose, à moins que M. l'abbé de La Mennais n'ait encore changé cela! et alors le jugement dernier aura lieu de suite, à moins que M. l'abbé de La Mennais n'épargne les animaux de la destruction, et qu'il ne veuille que le monde soit peuplé de bêtes, jusqu'à ce que le raisonnement les pervertisse et les *précipite* au fond de son *abîme*, pour qu'elles s'y *débattent* toutes *brisées*, toutes *sanglantes*, dans des *convulsions* qui amèneront à la fin leur fin !

Est-ce assez pour confondre LA RAISON SUPERBE ET IMBÉCILLE *qui* N'INTERROGE *et* NE VEUT ÉCOUTER QU'ELLE ? s'écrie l'auteur (page 108).

Nous ne répondons pas que ce soit assez pour confondre la raison !..... seulement si M. l'abbé de La Mennais l'appelle *superbe et imbécille*, il est probable qu'il qualifiera la déraison de *modeste et spirituelle...* et, comme dit le docteur Pangloss, tout sera au mieux dans le meilleur des mondes possibles !

Il y a cependant une très grande vérité dans ces quelques lignes, et c'est bien quelque chose ! La raison *n'interroge* que la raison et ne veut jamais *écouter* la sottise ; ainsi la plainte de M. l'abbé de La Mennais à ce sujet est très fondée !

Après avoir autant maltraité la raison, et

avoir invoqué une loi qui défende le raisonnement sous peine de mort, ainsi qu'on vient de le voir, la girouette de l'auteur tourne à un autre vent, et il nous dit que *l'esprit, comme le cœur, est* LIBRE D'OBÉIR, *et que,* SI LA RAISON N'ÉTAIT PAS LIBRE, *rien dans l'homme* NE LE SERAIT (page 116).

Et qu'on n'aille pas croire qu'ici M. l'abbé de La Mennais, par une conséquence qui semble lui appartenir, veuille que *rien dans l'homme ne soit libre;* il veut réellement, pour la deuxième fois, que *la raison soit libre.....* à condition cependant qu'elle ne le sera pas!...... car, quelques lignes plus loin, il nous dit, dans le même alinéa, que, quand la raison est libre, *peu à peu* L'ON EN VIENT A NE VOULOIR OBÉIR QU'A SOI, *à son propre* JUGEMENT; *on rejette comme insuffisants des témoignages unanimes, et l'autorité qu'on leur refuse, on l'accorde à un* TÉMOIGNAGE UNIQUE, *le plus souvent dicté par les passions* (page 117).

C'est-à-dire que la raison croit son jugement lors même que mille sots et même cent millions de sots seraient d'accord pour lui affirmer des extravagances! Alors il faut que la raison soit libre de croire tout ce qu'on lui affirmera, et qu'elle ne soit pas libre de ne le pas croire; c'est-à-dire qu'elle soit libre sans être libre..... Qu'on dise que M. l'abbé de La Mennais n'est pas fidèle au système qu'il a inventé de nier en affirmant, d'autoriser en défendant, de prouver en ne prouvant pas, d'accorder en refusant, de donner en prenant, de tuer en faisant vivre, d'être clair en étant obscur, raisonnable en extravaguant, etc., etc., et trois cents pages d'etc.....!

CHAPITRE XXII.

Pensée amère et sentiment douloureux de M. de La Mennais.—Explication qui doit les lui faire passer.—Contention qui n'est pas une contention.—Des malheureux insensés.—Qu'il ne faut contraindre personne.—Effets de l'intolérance.—Le lit de roses du sybarite.—Des hommages forcés.—Le vêtement de ténèbres.

En commençant son chapitre XXXI, dans lequel il se propose d'établir que *la sainteté est un caractère du christianisme*, M. de La Mennais s'écrie : *Nous ne pouvons nous défendre* D'UNE PENSÉE AMÈRE *et* D'UN SENTIMENT DOULOUREUX. *Où sommes-nous ?* DANS QUEL PAYS ? *chez quel peuple ?* A QUI S'ADRESSENT NOS PAROLES ? *Et pourquoi faut-il toujours prouver le christianisme aux chrétiens ? D'où vient donc cet esprit de doute,* DE CONTENTION *et d'ingratitude ? Où prend-on le triste courage de lutter contre Dieu ? et quelle gloire y a-t-il à se dérober à ses bienfaits* (page 121)?

Pour faire passer *la pensée amère* et *le sentiment douloureux* de l'auteur, on peut lui apprendre qu'il est en Europe, au centre de la civilisation et des lumières ; que ses paroles s'adressent à des hommes qui savent en apprécier la véritable valeur; qui se font une gloire de tolérer toutes les croyances ; qui tiennent à ce que les pensées et la manière de vivre de tous ceux qui mènent une conduite équitable soient à l'abri de toutes les inquisitions politiques et religieuses; qui ne trouvent point mauvais qu'on prouve le christianisme et toutes les questions que chacun croit utiles pour le bonheur social et le bonheur privé; mais qui aiment qu'on s'exprime avec justesse, avec simplicité, avec modération, et dans le seul but de persuader par la douceur et non par la contrainte; qui ne seraient pas fâchés non plus que des questions d'un si haut intérêt ne fussent traitées que par des philanthropes, ou qu'au moins la philosophie pût répondre librement, sans craindre les persécutions, pour démasquer l'hypocrisie et les intérêts particuliers des ridicules déclamateurs qui veulent asservir la pensée et tourmenter l'espèce humaine dans toutes ses affections, dans tous ses plaisirs.

Après lui avoir appris cela, on peut ajouter que ces hommes ne se dérobent point aux bienfaits de Dieu ; qu'au contraire, ils tiennent à ce qu'on ne leur dérobe pas ces bienfaits ; car, puisque le bonheur, la tranquillité, la liberté, nous viennent de la Divinité, ceux-là seuls qui ont le triste courage d'en vouloir priver les hommes, luttent réellement contre Dieu.

Enfin, on peut ajouter que la *contention* dont il parle est *une contention qui n'est pas une contention*, puisqu'il a dit dans son premier volume : *A l'agitation, à la fièvre, tristes mais sûrs indices de vie, succèdent* LE CALME *et* LE SILENCE DE LA MORT ; *plus* DE CONTENTION, *plus* DE QUERELLES : *on dirait une* PARFAITE PAIX, PAIX *lugubre,* PAIX *désolante,* PAIX *mille fois plus destructive que la guerre qui l'a précédée,* PAIX DES CADAVRES *endormis* DANS LE CERCUEIL.

Or, comment peut-il demander *d'où vient cet esprit de contention*, puisqu'il se plaint qu'il n'y a *plus de contentions, plus de querelles*, qu'il trouve une si grande quantité de *paix*, toutes plus singulières les unes que les autres, et, qui plus est, *le calme et le silence de la mort*, ainsi que la *paix des cadavres endormis dans le cercueil* (1)?....

M. l'abbé de La Mennais continue : *hommes malheureux* AUTANT QU'INSENSÉS ! *ne vous lasserez-vous pas de combattre la vérité qui s'offre à vous? où trouverez-vous hors d'elle, la paix, la douce joie de l'ame et cette félicité que tout être vivant desire?* DITES, NE VOULEZ-VOUS POINT ÊTRE HEUREUX? *où* LE BONHEUR EST-IL POUR VOUS UN SUPPLICE SITOT QU'IL VOUS EST IMPOSÉ COMME UN DEVOIR? (*ibid.*)

Si tous les *insensés* étaient *malheureux*, et surtout s'ils étaient *malheureux autant qu'insensés*, que de gens seraient encore plus à plaindre qu'à blâmer!.... Mais il n'en est pas toujours ainsi. Les *insensés* sont des *pauvres d'esprit*, et conséquemment les *pauvres d'esprit* sont des *insensés* : or, les *insensés* ou les *pauvres d'esprit* sont loin d'être malheureux, puisqu'ils sont au contraire *des bienheureux*, et que *le royaume des cieux leur appartient !*.... Ils sont donc encore plus à blâmer qu'à plaindre !

---

(2) Voyez notre Examen critique des tomes I et II, page 31.

On peut en conséquence trouver mauvais que l'auteur de l'Essai sur l'Indifférence en matière de religion veuille *imposer le devoir d'être heureux* aux hommes, puisqu'il reconnaît que *le bonheur est pour eux un supplice sitôt qu'il leur est imposé !*

Un véritable philanthrope ne doit donc rien *imposer*, car *un bonheur qui devient un supplice* n'est plus un *bonheur*, mais un *tourment*.

A cette demande naïve, *dites, ne voulez-vous point être heureux ?....* tout homme, quel qu'il soit, répondra : *Je ne demande pas mieux !* Mais chacun veut être libre d'être heureux; indiquez donc la voie du bonheur, et au lieu de contraindre avec férocité les hommes à y marcher tout meurtris, tout sanglants, faites-leur voir combien cette voie est plus séduisante que les autres, et laissez-les ensuite libres dans leur choix.

En agissant ainsi, on peut être certain que l'homme préférera la voie du bonheur à celle de l'infortune, car il est vrai que *tout être vivant desire la paix, la douce joie, et la félicité.*

En agissant différemment, c'est pousser l'inhumanité au plus haut degré, c'est priver l'homme du bonheur qu'il ne manquerait pas de goûter, si l'on ne l'y voulait contraindre par la force et les tortures; et c'est l'en priver sciemment, puisqu'au lieu de laisser sa raison libre d'un choix qui n'est pas douteux, on la menace avec brutalité, afin qu'elle se refuse à le faire.

Qu'on présente un lit de roses et un lit d'épines à un sybarite, il choisira le premier sans aucun doute; mais si l'on veut le contraindre avec arrogance à s'y reposer, il refusera avec fierté, et s'il est assez fort pour désarmer celui qui le menace, et le châtier de sa témérité, il ne manquera pas de le faire, sauf à se reposer ensuite de lui-même, sans contrainte et avec délices, sur les roses qu'on voulait lui imposer.

D'un autre côté, les hommages forcés doivent être encore plus désagréables à celui qui les reçoit, que les hommages libres ne doivent le flatter, et l'indifférence dans ce cas est préférable à l'apparence d'un sentiment qui n'est que la suite du despotisme.

Dans nos passions aveugles nous ne savons reconnaître ni le vrai ni le faux, ni le bien ni le mal, ajoute M., l'abbé de La Mennais (page 121). On peut lui répondre que l'homme ne tombe dans les passions aveugles, que lorsqu'on l'irrite, et qu'en ne l'irritant pas, son bon sens lui fait toujours distinguer ce qui est *vrai* de ce qui est *faux*, comme ce qui est *bien* de ce qui est *mal*.

Ici l'auteur nous dit de nouveau que l'homme *se condamne lui-même à mort*, que *sa raison est débile*, comparée au *témoignage universel*, et après avoir trouvé *trois époques principales* au christianisme, *semblables sous plusieurs rapports aux âges de la vie humaine* (page 122), il prend le ton de prédication, prouve la sainteté du christianisme avec son talent ordinaire, à l'aide de *l'autorité générale*, qui est son grand et unique cheval de bataille, et finit par assurer que *les nuages s'arrêtent sur la tombe*, que *la mort dépouille l'esprit superbe du* VÊTEMENT DE TÉNÈBRES *dont il s'enveloppait, que la lumière l'investit de toute part et commence son supplice* (page 151).

Un *vêtement de ténèbres* dont *l'esprit s'enveloppe* ne peut être qu'un style obscur; et comme le style de l'auteur a été trouvé obseur, même par ses meilleurs amis, il veut sans doute nous faire croire qu'il y a de l'esprit de caché là-dessous; à cet égard, il est permis d'être aussi incrédule que Saint-Thomas, et d'en douter jusqu'à ce qu'on l'ait vu..... Mais si *la lumière l'investissait de toute part, elle commencerait son supplice*...... On peut le présumer, elle le mettrait sur les épines, attendu qu'au fond il n'ignore peut-être pas à quoi s'en tenir.. Que de petits-maîtres à Paris savent très bien qu'ils n'ont point d'argent dans leurs poches !

CHAPITRE XXIII.

Antiquité de l'écriture. — Ce qui doit flatter les juifs. — Que la tradition, selon M. de La Mennais, est préférable à l'écriture. — Ce qui s'ensuivrait. — Des sociétés bibliques. — Suppositions que la sainte Écriture n'existât pas. — Ce qu'on verrait. — Méthode d'écrire à double sens. — Retour à la création. — Retour au déluge.

A la suite de ce chapitre, se trouve celui que l'auteur intitule : *De la sainte Écriture.* Il commence par nous dire qu'*il n'existe chez aucune nation de monument comparable, pour l'antiquité, au Pentateuque écrit par Moïse, environ quinze siècles avant Jésus-Christ; que l'histoire certaine de la Grèce ne remonte pas plus haut qu'à la première olympiade,* etc. (page 153). Ce qui doit être beaucoup plus flatteur pour les juifs qui suivent la loi de Moïse, que pour les chrétiens, qui, tout en prétendant en avoir hérité, s'en écartent en mille endroits différents, et, tout en en faisant le plus grand éloge, n'en ont pas moins persécuté et n'en persécutent pas moins encore presque par-tout, soit par des lois exclusives, soit par une implacable haine, ou par un ridicule mépris, ceux qui la suivent ponctuellement, de génération en génération depuis plus de trente-trois siècles! voilà de ces inconséquences que la raison ne peut approuver; de deux choses l'une : ou il faudrait ne pas admirer la loi de Moïse, ou il faudrait trouver bon qu'on la suivît paisiblement.

Après ce beau début, dont on doit sur-tout remarquer l'adresse extrême, M. l'abbé de La Mennais réunit comme de coutume une certaine quantité de citations de Maimonide, de Rabbi David Ganz, de Rousseau, de Saint-Irénée, de Fénélon, de Saint-Paul, de Saint-Augustin, etc. Pour prouver qu'il aurait mieux valu que la sainte Écriture ne fût jamais écrite, attendu que ce qui est écrit est nécessairement lu, et fournit d'éternelles disputes.

Ce qui n'est pas lu se conserve bien mieux par la tradition d'après l'auteur ; on ne dispute plus sur les inconséquences, sur les bizarreries d'aucunes coutumes ; l'autorité commande, et l'on obéit en murmurant ou non ; ne pouvant s'appuyer sur aucun fait, sur aucune autorité que l'autorité contemporaine, on lui laisse faire ce qu'elle veut, et il n'y a jamais de schisme ni de sectes, ni de religion nouvelle qui puisse s'établir.

Ce que nous venons de dire est le sens clair et positif des principes que l'auteur émet; les restrictions qu'il y mêle sont si débiles, qu'on voit qu'elles n'y sont intercallées que pour faire passer le reste sans trop choquer ceux qui aiment l'Écriture sainte.

Pour nous, lorsque nous voyons certains écrits, nous avouons que si l'on était forcé de les lire et qu'on ne pût jamais les combattre, il vaudrait mieux que l'écriture n'eût jamais été inventée; heureusement il y a plus que compensation, autrement nous serions peut-être de l'avis du farouche Omar, de M. l'abbé de La Mennais, et de la plupart de ses amis.

Il y a cependant une considération qui aurait dû empêcher l'auteur de l'Essai sur l'Indifférence en matière de religion d'émettre des principes pareils, à moins cependant qu'aucune considération ne puisse l'arrêter.

Sans doute il est très malheureux que *les sociétés bibliques protestantes*, AUJOURD'HUI SI MULTIPLIÉES, *tendent à faire* AUTANT DE SECTES QU'IL Y

A D'HOMMES QUI SAVENT LIRE (note de la p. 157); car d'après cela non seulement il y aurait des centaines de millions de sectes, mais encore il n'y aurait plus de prêtres, ni de pasteurs, ni d'Églises; chacun se suffirait pour toutes les cérémonies religieuses, se ferait des sermons qu'il dirait à haute voix pour les écouter seul lui-même, sur-tout en Europe où à-peu-près tous les hommes savent lire.

Cependant si ces centaines de millions de sectaires adoptaient tous la sainte Écriture pour base de leurs croyances, ils se rapprocheraient tous par le fond, et leurs divergences seraient d'autant moins dangereuses, qu'elles seraient plus multipliées. En supposant qu'il y en eût quelques unes de trop déraisonnables, ce qui, nous en convenons, pourrait arriver, elles s'éteindraient avec les individus qui les auraient imaginées et n'empêcheraient pas les neuf cent quatre-dix-neuf millièmes au moins de vivre en paix et libres dans la loi du vrai Dieu.

Voilà sans contredit le meilleur côté de la chose; voyons l'autre.

Si la sainte Écriture n'existait pas et que la religion fût transmise traditionnellement et ordonnée par le chef de l'État, ou le chef de l'Église, ce qui, dans ce sens, est absolument la même chose, car du moment où le chef d'un État consent à recevoir les ordres du chef de l'Église, il n'est plus maître chez lui, et il devient l'humble esclave des volontés d'un autre; n'ayant plus de lois écrites, chaque chef d'État en aurait fait et en ferait une à sa guise, et depuis dix-huit siècles que le christianisme existe toujours à-peu-près le même, il y aurait eu au moins une cinquantaine de religions différentes dans chaque État; religions qui, tout en différant entre elles du tout au tout, pourraient bien avoir la prétention d'être toutes la même, et qui le seraient, comme le couteau de Jeannot qui était toujours le même aussi, quoiqu'ayant changé six fois de manche et huit fois de lame.

Qui peut répondre que le christianisme ainsi transmis n'aurait point dégénéré en idolâtrie? qui peut assurer que plusieurs chefs d'État ne se seraient pas déifiés et n'auraient pas déifié leurs maîtresses et leurs favoris? vaudrait-il mieux que les peuples pliassent les genoux devant de bizarres idoles ou de méprisables créatures, que de suivre l'Écriture sainte avec liberté comme leur raison leur indiquerait de la suivre?... il n'est pas nécessaire de résoudre ici cette question, le lecteur saura bien la résoudre lui-même.

Quant à M. l'abbé de La Mennais, il est comme les oracles à double sens, il n'a pas plutôt affirmé l'excellence d'un principe, qu'il affirme l'excellence d'un principe qui lui est diamétralement opposé. Ainsi après avoir consacré cinq pages (pages 155 à 160) à soutenir que la tradition est préférable à l'Écriture, il en consacre quelques autres à soutenir que l'Écriture est préférable à la tradition ; si vous lui reprochez les premières pages, il se justifiera par les dernières; et si vous lui reprochez les dernières, il se justifiera par les premières. Cela s'appelle avoir réponse à tout ; mais il faut convenir que cette méthode est plus nuisible qu'utile, et lorsqu'on a la prétention de faire un ouvrage sérieux, il faudrait au moins ne s'écarter jamais des principes vrais ou faux qu'on veut faire prévaloir sur ceux qui leur sont contraires.

Après avoir disserté sur l'authenticité de l'Écriture, l'auteur voulant voir *l'unité* par-tout, retourne encore à la création du monde, et nous dit : *Il n'était pas bon que l'homme fût seul, faisons-lui*, *dit le Seigneur*, *une aide semblable à lui*. *Alors, de la substance même d'Adam il forme la femme, il la lui donne pour compagne, et désormais* ILS SERONT DEUX DANS UNE MÊME CHAIR : *expression qui montre*, *dans* L'UNITÉ *de la première famille*, L'UNITÉ DU GENRE HUMAIN (page 175).

On conviendra que si *l'unité du genre humain* ressemblait à celle de la première famille, on aurait dans ce bas monde une communauté de *chair* singulièrement étendue et banale !.... Si M. l'abbé de La Mennais avait dit que cette *expression montre dans l'unité de la première famille* ou plutôt du premier couple *l'unité de chaque famille* ou plutôt de chaque couple *du genre humain*, il n'aurait dit qu'une naïveté excessivement naïve, mais en annonçant que *cette expression montre dans l'unité* du premier couple *l'unité du genre humain*, ce n'est plus une *naïveté*, et nous laisserons prononcer au lecteur ce que ce peut être.

Revenant encore au déluge, il affirme de nouveau que *la géologie en démontre l'existence* (page 181), et nous avons fait voir, page 256 de cet ouvrage, comment *la géologie*, et sur-tout M. Cuvier qu'il cite encore, démontre l'existence du déluge, l'accord qu'il y a entre les écrits des savants et la Genèse, et combien M. l'abbé de La Mennais est adroit en s'appuyant là-dessus. Venons en donc à autre chose.

CHAPITRE XXIV.

Apostrophe de M. l'abbé de La Mennais au peuple juif. — Remarques sur cette apostrophe. — Esclavage des Juifs. — Histoire des Juifs. — Leur dispersion. — Que sont devenus les peuples de l'antiquité?—Destinée des nations.—Horreur et mépris de M. de La Mennais. — Héroïsme du peuple juif d'après M. de La Mennais. — Assimilation des Juifs aux martyrs chrétiens. — Que les persécuteurs peuvent seuls être accusés d'orgueil et de bassesse. — Ce que la saine philosophie reconnaît. — Ce que M. de La Mennais devrait dire. — Le supplice du bonheur.

Les éloges extraordinairement pompeux que l'auteur de l'Essai sur l'Indifférence en matière de religion fait du peuple juif en plusieurs endroits de son ouvrage, ne l'empêchent pas de l'apostropher ainsi :

Peuple, autrefois le peuple de Dieu, DEVENU, *non pas le tributaire, le serviteur d'un autre peuple, mais* L'ESCLAVE DU GENRE HUMAIN, *qui malgré* SON HORREUR *pour toi,* TE MÉPRISE JUSQU'A TE LAISSER VIVRE ; *peuple* OPINIATRE, *dont aucune* SOUFFRANCE, *aucun* OPPROBRE *n'a pu lasser ni* L'ORGUEIL *ni* LA BASSESSE ; *qui ne retrouves pas en toi-même un* REMORDS, *un* HUMBLE REGRET, *une* PLAINTE *pour* DÉSARMER LE BRAS QUI TE FRAPPE, *et qui portes sans étonnement* DEPUIS DIX-HUIT SIÈCLES *tout le poids de la* VENGEANCE DIVINE : *peuple* INCOMPRÉHENSIBLE, *cesse un moment le travail dont tu* TE CONSUMES SOUS LE SOLEIL, *rassemble-toi des* QUATRE VENTS *ou le* SOUFFLE DE DIEU *t'a* DISPERSÉ, etc. Là, l'auteur établit un dialogue entre lui et le peuple juif, par lequel il se fait répondre ce qui lui convient. (Pages 199 à 202).

Si l'on n'avait pas encore su jusqu'où la passion, le préjugé, en un mot l'intolérance, peuvent emporter un furieux, ce petit passage en donnerait la mesure. On craint lorsqu'on veut se respecter soi-même, et respecter le lecteur, de perdre patience avec un homme qui ne connaît aucune retenue, aucune modération : une juste indignation dont on a beaucoup de peine à se rendre maître, s'empare de tous les sens et commande impérieusement de faire justice d'une si condamnable inhumanité.

Devenu non pas le TRIBUTAIRE, *le* SERVITEUR, *d'un autre peuple, mais* L'ESCLAVE DU GENRE HUMAIN !

Est-ce pour les bonnes femmes, les bons hommes, ou les frères ignorantins, que M. l'abbé de La Mennais a écrit cela ?..... Où a-t-il vu que le peuple juif soit devenu *l'esclave du genre humain ?*..... Flavius Joseph lui apprendra, s'il l'ignore, qu'après la destruction de Jérusalem, les débris des armées juives prirent du service chez les nations voisines, que leurs généraux, leurs officiers, conservèrent leurs grades, que le reste de la population s'incorpora dans les nations grecques, égyptiennes et autres, où chacun conserva le rang et l'existence qu'il avait auparavant, en jouissant des mêmes droits que leurs nouveaux concitoyens; que ces débris d'une nation naguère puissante furent reçus par-tout où ils se présentèrent, comme les protestants de France, après l'atroce et impolitique révocation de l'Édit de Nantes, le furent par l'Allemagne, la Hollande, l'Angleterre et la Suisse; c'est-à-dire avec intérêt et humanité; qu'ils ne furent point *esclaves du genre humain* pour cela, mais membres des nations qu'ils avaient choisies. Lorsqu'Adrien eut la férocité d'en faire égorger quarante mille à-la-fois, ce n'était point pour la cause du christianisme, puisqu'il était païen; qu'il érigea en dieu son favori Antinoüs; que d'ailleurs le christianisme n'existait pas encore, et qu'il n'a réellement existé que deux cent trente-trois ans après la destruction de Jérusalem, lorsque Constantin crut de sa politique de l'adopter.

Les atrocités d'Adrien, les persécutions des idolâtres qui en martyrisèrent un nombre incomparablement plus grand que celui des premiers chrétiens, dispersèrent les Juifs dans quelques parties de l'Europe et sur les bords de l'Asie, mais non aux quatre vents, comme le dit M. l'abbé de La Mennais; ainsi dispersés, ils ne furent pas plus *esclaves du genre humain* qu'auparavant. Dans quelques pays, à la vérité, ils furent inhumainement brûlés, torturés pour leurs croyances; humiliés, assujettis à des lois plus déshonorantes, plus flétrissantes pour ceux qui les ont faites que pour ceux qui ont été forcés de les souffrir;

mais les gouvernements de ces pays étaient bien loin de représenter le *genre humain*, et d'ailleurs ne les traitaient pas en *esclaves*, quoi qu'en dise l'auteur de l'Essai sur l'Indifférence en matière de religion.

Quant à la *dispersion aux quatre vents*, nous voudrions bien qu'il nous dît ce que sont devenus les peuples païens de la Grèce et de Rome, ainsi que tant d'autres peuples, qui, tout païens qu'ils étaient, n'en furent pas moins des peuples très grands et très respectables?..... Et cependant il ne reste plus aucune trace ni d'eux ni de leurs croyances ! Le voyageur cherche vainement

La poussière qui fut Memphis!

Il semble que cette destinée est commune à toutes les nations, à tous les peuples, à toutes les religions; les Juifs seuls peut-être ont conservé leurs croyances et leurs coutumes à travers trente-trois siècles; les triomphes comme les défaites, le bonheur comme l'adversité, rien n'a ébranlé leur constance toujours ferme, toujours la même; et quand ce monument vivant de l'antiquité traverse tous les temps, tous les âges, tous les lieux, est-ce bien à un homme qui nous dit qu'*il n'y a jamais de raison de changer ce qui est antique*, et qui fait dans vingt endroits de son livre l'éloge de la loi de Moïse et du peuple juif, qu'il appartient d'injurier des hommes qui n'ont commis et ne commettent d'autres crimes que de suivre fidélement la religion de leurs ancêtres, pour s'attirer de stupides déclamations et des insultes ampoulées et ridicules?

Qui, malgré SON HORREUR *pour toi,* TE MÉPRISE JUSQU'A TE LAISSER VIVRE!

Voilà une *horreur* qui serait bien fondée et bien juste comme on vient de voir, si elle existait !...... et sur-tout un *mépris* qui part heureusement plutôt de Charenton que de Paris!

Jusqu'à te laisser vivre! Les Juifs doivent être fort satisfaits que le *mépris* de M. l'abbé de La Mennais aille *jusqu'à les laisser vivre!* Néanmoins, malgré tout ce qu'il dit, il est probable que, s'il avait assez de pouvoir en mains pour que son *mépris n'allât que jusqu'à les faire assassiner*..... il ne voudrait pas qu'on en fît une Saint-Barthélemy. On vaut quelquefois mieux qu'on ne paraît !

PEUPLE OPINIATRE *dont aucune* SOUFFRANCE, *aucun* OPPROBRE *n'a pu* LASSER *ni* L'ORGUEIL, *ni la* BASSESSE !

Comment l'auteur ne craint-il pas que cette *opiniâtreté à souffrir*, sans changer de croyance, ne soit considérée comme une sorte d'héroïsme, et ne fasse comparer les Juifs aux premiers martyrs du christianisme, *dont aucune souffrance, aucun opprobre, ne pouvaient non plus lasser la constance*..... Nous ne disons pas *l'orgueil* ni *la bassesse*, comme M. l'abbé de La Mennais, parceque *l'orgueil* et *la bassesse* appartiennent toujours aux persécuteurs, mais jamais aux persécutés.

Qui ne trouves pas en toi-même un remords, un humble regret, une plainte.....

Mais ce sont là des héros de constance, puisqu'ils ne se *plaignent* même pas de tant de persécutions !..... Quant au *remords*, à *l'humble regret*, les assassins et les bourreaux doivent seuls les éprouver, et non leurs innocentes victimes.

Pour désarmer le bras qui te frappe.....

Il est probable que c'est du bras de Dieu dont l'auteur veut parler, car si c'était du bras d'un homme, il pourrait être certain que ceux des Juifs qui vivent dans des pays comme les États-Unis, l'Angleterre, les Pays-Bas, la France, feraient probablement comme les autres hommes de quelques croyances qu'ils soient, et que, si un bras osait les frapper, ils ne le supplieraient pas, mais ils le briseraient.

Peuple incompréhensible.....

Il est certain que pour le philosophe c'est un *peuple incompréhensible* que celui qui souffre depuis tant de siècles d'innombrables persécutions sans changer de croyance ; les véritables amis de l'humanité ont le cœur navré lorsqu'ils voient une population, presque toujours du même nombre depuis environ dix siècles, s'entêter dans sa croyance plutôt que d'en changer et de mettre une fin aux injustes persécutions qu'elle endure.

Mais comment M. l'abbé de La Mennais veut-il que la croyance des Juifs ne soit pas estimée par eux, lui qui cite cette phrase de Pascal : *Je crois aes témoins qui se font égorger.*

(page 202), et qui ajoute: *Et tout homme sensé les croira, car on ne se passionne que pour des faits, et je ne sais où serait* LA SÉDUCTION DU MEN-SONGE, *qui ne conduit qu'*AUX TORTURES ET A L'ÉCHAFAUD. *Le desir de la gloire, des richesses, du pouvoir,* PEUT CRÉER DES IMPOSTEURS ; *mais on ne trompe pas les hommes afin d'être* PAUVRE, MÉ-PRISÉ, PERSÉCUTÉ..... ? D'après cela, il n'est nul doute que les Juifs, comme les protestants, ne puissent avoir plus de foi dans leur religion que ceux qui les ont persécutés et qui voudraient les persécuter encore!

D'un autre côté, est-ce bien à un homme qui veut et qui croit écrire contre l'indifférence en matière de religion, à un homme qui exalte la gloire des martyrs, à trouver ce peuple *incompréhensible?*..... Ne doit-il pas plutôt, pour être fidèle à son système, le trouver très *compréhensible,* et soutenir que les chrétiens devraient prendre cette population pour exemple, si jamais des hordes barbares les dispersaient et les persécutaient? En vérité, c'est bien un livre aussi rempli d'incohérences bizarres qui est *incompréhensible* au-delà de toute expression!

Aussi, lorsque l'auteur dit au Juif : *Va, retourne à ton supplice, que le monde entier en soit témoin* (page 202)..... on ne peut plus que lui rire au nez !...... Il est probable que le supplice de M. Rotschild, ce banquier à grandes ressources, l'ami de toutes les monarchies, le financier inépuisable, doit être fort doux s'il est proportionné à sa fortune ; il est une foule d'autres Juifs dans divers pays dont le supplice doit être tout aussi doux, et que bon nombre de catholiques, très catholiques, ne seraient peut-être pas fâchés de partager ! Nous n'exceptons pas même l'auteur de l'Essai sur l'Indifférence en matière de religion, car il est probable qu'il ne hait pas les biens de ce monde en attendant ceux de l'autre....:. Rions en donc, et passons à autre chose, en faisant des vœux pour l'honneur de l'humanité, que les hommes, de quelque religion qu'ils soient, n'éprouvent jamais d'autre supplice !

CHAPITRE XXV.

Langage philosophique de M. de La Mennais. — Cinquième retour à la création du monde. — La révélation du passé, du présent et de l'avenir. — Conséquences qu'on peut tirer des assertions de M. de La Mennais. — Réponses de M. de La Mennais. — Questions à M. de La Mennais. — S'il n'y avait point de prophéties, l'homme aurait cessé d'être homme. — Citation de Rousseau. — Examen de cette citation par M. de La Mennais.

Les *prophéties* et les *miracles* sont l'objet des deux chapitres qui suivent ceux que nous avons examinés. *Parlons d'abord philosophiquement*, dit M. l'abbé de La Mennais dès son début (page 224), et nous avouons que nous étions curieux d'entendre *parler philosophiquement* un homme qui hait si fort les philosophes et la philosophie, et sur-tout de l'entendre parler philosophiquement des *prophéties*! Mais aussi, qu'avons-nous entendu? Que *l'homme déja existe en des espaces illimités et même au-delà du temps!...... que l'homme qui peut tout connaître, ne connaît rien néanmoins que par une véritable révélation dont la parole est le moyen!* ..... (pages 224 et 225).

Voilà comment l'auteur parle philosophiquement : ensuite, il remonte pour la cinquième fois à la création du monde, en fait descendre la révélation, dit que Dieu révéla le *passé*, le *présent* et *l'avenir* au premier homme, lequel transmit ces révélations à ses enfants qui les transmirent aux leurs, et qu'enfin, de génération en génération, la révélation divine est venue jusqu'à nous.

Ces assertions sont au nombre de celles qu'il est un peu trop difficile de prouver, et qu'il ne peut conséquemment être que nuisible aux religions qui les admettent, de les débattre de nouveau; il serait plus sage de n'en point parler et de les laisser dans la bible, pour les faire connaître à nos enfants comme nos pères nous les ont fait connaître.

Elles peuvent suggérer des questions tout aussi embarrassantes que celles que M. l'abbé de La Mennais se fait faire à la page 227, et auxquelles il ne pourrait répondre que par le même *non-sens* qui lui sert de réponse à toutes les questions qu'il s'adresse.

Quand Dieu révéla le *passé*, le *présent* et l'*avenir* à l'homme, il venait de le former; *il lui dit le* PASSÉ, émet l'auteur, *c'est-à-dire de quelle manière il l'avait tiré du néant, lui et tout l'univers qui s'offrait à ses regards. Il lui dit le* PRÉSENT, *c'est-à-dire qu'il lui apprit ce qu'il était et ce qu'étaient les êtres qui l'environnaient, les moyens de se conserver, les devoirs qu'il imposait à sa raison, à son cœur, à ses sens. Il lui dit* L'AVENIR, *en l'instruisant de ses immortelles destinées.*

Pour le *Passé*, il n'y a pas contestation, il est possible que Dieu l'ait bien voulu dire à l'homme. Il n'en est pas de même du *présent* : si Dieu avait appris à l'homme non seulement *ce qu'il était*, mais encore *ce qu'étaient les êtres qui l'environnaient, les moyens de se conserver*, etc., etc., la connaissance n'eût pas été exacte puisque dans le paradis, lors de la création, le tigre jouait paisiblement à côté de l'agneau et partageait son innocence, l'aigle à côté de l'oiseau-mouche, le crocodile à côté de l'homme, et nous ne sachions pas qu'il y ait eu des maladies à redouter, pour qu'Adam ait eu besoin de connaître les moyens de *se conserver* en état de santé.

Quant à *l'avenir*, il n'est pas probable, du moins l'Écriture ne le mentionne pas, que Dieu ait dit à Adam que, malgré la défense qu'il lui ferait de ne pas toucher au fruit défendu, il y toucherait cependant; que cette action le rendrait l'objet de la colère divine, qu'il serait chassé du paradis, que quelques siècles après, un déluge détruirait l'espèce humaine à l'exception de Noé, etc., etc.

Ainsi on conclura que si Dieu dit *l'avenir* au premier homme, il ne lui en dit qu'une très faible partie; que s'il lui fit connaître ce qu'étaient les êtres qui l'environnaient, il les lui fit connaître tels qu'ils étaient alors et non tels qu'ils sont devenus.

Pour être ce que Dieu voulait qu'il fût, ajoute l'auteur, *l'homme devait connaître toutes ces choses, et comme la connaissance en était également indispensable à tous les hommes, le père du genre humain la transmit par la parole à ses en-*

fants, et ceux-ci à leurs descendants. Voilà l'origine de la tradition.....Mais un déplorable changement s'était opéré dans les destinées de l'homme depuis sa chute. L'avenir ne pouvait plus être le même pour lui après le péché; et cet avenir devait être différent encore, selon que Dieu s'arrêterait à des pensées de miséricorde ou de rigueur (pages 225 et 226).

D'après cela, il semblerait que Dieu se serait trompé et n'aurait pas appris le véritable avenir à l'homme!.....Comment peut-on concilier la puissance et la pénétration illimitées du Dieu qui voit tout et qui peut tout, avec cette ignorance de l'avenir?

Que répondra à cette question M. l'abbé de La Mennais?..... Il répondra : *Cette question implique une question générale que voici: pourquoi Dieu ne révèle-t-il pas immédiatement à chaque homme ce qu'il est nécessaire que chaque homme sache?* C'EST-A-DIRE POURQUOI CHACUN DE NOUS N'EST-IL PAS INDÉPENDANT?..... POURQUOI LA SOCIÉTÉ EXISTE-T-ELLE? *pourquoi le langage, la tradition, l'autorité, l'obéissance? pourquoi la foi? pourquoi la religion? pourquoi l'homme?..... A cela, nous n'avons qu'un* MOT *à répondre :* DEMANDEZ-LE A CELUI QUI L'A FAIT (pages 227 et 228).

Le seul *mot* que l'auteur répond se compose de sept mots bien comptés ; n'importe, ces sept mots ne sont qu'un mot. Ne nous arrêtons point sur la manière dont il calcule, mais admirons la sublimité de cette réponse : *Demandez-le à celui qui l'a fait !* Voilà qui satisfait merveilleusement la raison ou l'esprit !...... *Demandez-le à celui qui l'a fait !* c'est absolument comme s'il disait *je n'en sais rien !* c'est même quelque chose de mieux ! Mais alors pourquoi vouloir *parler philosophiquement ?* pourquoi prétendre raisonner ? pourquoi écrire ? et sur-tout pourquoi se faire imprimer ?..... *Demandez-le à celui qui l'a fait !* c'est bien M. l'abbé de La Mennais qui a fait, ou prétendu faire tout ceci, or, attendons sa réponse, quand même elle ne se composerait que d'un mot qui remplirait cinq cents pages.

L'avenir ayant été différent que Dieu l'avait prévu, dit l'auteur, *il fallait donc qu'après sa chute l'homme cessât d'être homme, ou que Dieu lui révélât ce qu'il avait résolu à l'égard de ses futures destinées. Il fallait donc que Dieu lui par-*

lât de nouveau, et que l'homme auquel il parlerait transmît aux autres hommes sa parole nécessaire à tous. *Voilà la prophétie.*

Cette fois-ci, comme on voit, l'auteur ne nous renvoie pas à celui qui l'a fait; aussi nous dit-il une chose qui paraît d'une singularité remarquable : *l'homme aurait cessé d'être homme, s'il n'y avait point eu de prophéties!* c'est bien là le sens complet de ce qu'il émet! or, aujourd'hui nous n'avons plus de prophéties, *l'homme a donc cessé d'être homme?* il est donc devenu bête comme Nabuchodonosor? La main d'airain a donc écrit de nouveau et partout : Mane, Thecel, Phares?..... Ma foi, si l'on ne lisait que certains auteurs, on pourrait bien le croire !

Ici M. l'abbé de La Mennais, qui doit se connaître en absurdité, si toutefois un ouvrier connaît le genre d'ouvrage qu'il fabrique, appelle une *immense absurdité* ce passage de Rousseau : « Aucune prophétie ne saurait
« faire autorité pour moi, parceque pour
« qu'elle la fît, il faudrait trois choses dont
« le concours est impossible; savoir : que
« j'eusse été témoin de la prophétie, que je

« fusse témoin de l'événement, et qu'il me
« fût démontré que cet événement n'a pu
« cadrer fortuitement avec la prophétie; car
« fût-elle plus précise, plus claire, plus lu-
« mineuse qu'un axiome de géométrie, puis-
« que la clarté d'une prédiction faite au ha-
« sard n'en rend pas l'accomplissement im-
« possible, cet accomplissement, quand il a
« lieu, ne prouve rien, à la rigueur, pour
« celui qui l'a prédit. (Émile, livre IV.)

Pour trouver dans ce passage *l'immense absurdité* de M. l'abbé de La Mennais, il faudrait
avoir ses yeux, et plusieurs personnes en ont
d'autres et trouveront ce passage plein de sens
et de raison.

Est-il certain, ajoute l'auteur de l'Essai sur
l'Indifférence en matière de religion, *que telle
prophétie ait été faite? est-il certain qu'elle soit ac-
complie?..... Pour en être certain, répond Rousseau, il faudrait que j'eusse été témoin de la prophétie et que je le fusse de l'événement.* ON NE
PEUT DONC, *suivant Rousseau*, ÊTRE CERTAIN
qu'UNE CHOSE AIT ÉTÉ DITE, à moins DE L'AVOIR
ENTENDUE *soi-même*, qu'UN ÉVÉNEMENT SOIT
ARRIVÉ, à moins DE L'AVOIR VU *de ses propres*

yeux? IL ACCORDE *donc* PLUS DE CONFIANCE AU TÉMOIGNAGE DE SES SENS *qu'*AU TÉMOIGNAGE *uniforme* DES SENS DE PLUSIEURS HOMMES *et même de* TOUS LES HOMMES? *car rien ne modifie sa proposition.* IL NIE *donc* LA POSSIBILITÉ DE S'ASSURER D'AUCUN FAIT PAR LE TÉMOIGNAGE, *il* NIE SPÉCIALEMENT L'AUTORITÉ D'UN LIVRE QUELCONQUE, *puisque la nature des choses qu'il renferme est indifférente dans le cas présent.* S'IL EST *en effet* PERMIS DE DOUTER DU TÉMOIGNAGE GÉNÉRAL *des hommes, quand ils affirment qu'un autre homme a dit ou écrit* QUE LE SOLEIL CESSERAIT DE SE LEVER *l'an prochain,* IL EST ÉGALEMENT PERMIS DE DOUTER DE LEUR TÉMOIGNAGE, *quand ils affirment qu'un homme a dit ou écrit* QUE LE SOLEIL S'EST LEVÉ L'AN DERNIER. *Que si vous supposez que les sens d'un grand nombre d'hommes ont pu les tromper en cette circonstance, qu'il est possible qu'ils aient cru voir ou entendre ce qu'ils n'ont ni entendu, ni vu;* SUR QUEL FONDEMENT PRÉTENDEZ-VOUS QUE VOUS NE POUVEZ ÊTRE VOUS-MÊME TROMPÉ PAR VOS SENS, *que leur rapport est toujours fidèle,* que SEUL D'ENTRE LES MORTELS *vous voyez toujours réellement ce que vous croyez voir, vous entendez ce que vous* croyez entendre, et que LA CERTITUDE REFUSÉE AU RESTE DU GENRE HUMAIN *est un* PRIVILÉGE PERSONNEL QUI N'APPARTIENT QU'A VOUS (pages 229 et 230)?

Voilà une citation un peu longue, nous en demandons d'autant plus pardon à nos lecteurs, qu'elle est de M. l'abbé de La Mennais; nous n'avons pas pu l'abréger, et, encore, nous leur faisons grace d'une page de plus, dans laquelle l'auteur répète ce qu'il a déja dit, sans diminuer ni augmenter son absurdité.

Il est probable que M. l'abbé de La Mennais est très content de ce passage; qu'il le croit serré, pressant, formidable; mais le lecteur n'en jugera pas ainsi et ne verra dans toutes ces phrases qu'un sophisme renforcé et redoublé, comme nous allons le démontrer.

CHAPITRE XXVI.

Examen de l'Examen de M. de La Mennais.—Distinction de ce que Rousseau dit et de ce que M. de La Mennais lui fait dire.—Du témoignage des sens.—Que Rousseau ne nie point la possibilité des faits croyables. — Chef-d'œuvre du sophisme. — Examen de ce chef-d'œuvre. — Ce que M. de La Mennais paraît s'imaginer. — Rousseau traité de sophiste. — L'infini à parier contre un. — Nous sommes d'accord sans nous en douter. — Conséquences de tout cela. — Nouveau combat de M. de La Mennais à coup de livres.

Rousseau ne dit point qu'*on ne peut être certain qu'une chose ait été dite à moins de l'avoir entendue soi-même, qu'un évènement soit arrivé à moins de l'avoir vu de ses propres yeux;* il dit cela des prophéties et de toutes les autres choses que la raison humaine ne peut comprendre; mais tous les faits possibles, tous les faits croyables, peuvent être crus, sans qu'il soit nécessaire de les avoir vus, ni entendus, et Rousseau n'a jamais contesté cette vérité.

Il accorde donc plus de confiance au témoignage de ses sens qu'au témoignage uniforme des sens de plusieurs hommes et même de tous les hommes.....

Les articulations surnaturelles ne sont jamais crues par *tous les hommes*, ni même par plusieurs hommes éclairés, à moins qu'on touche au doigt la vérité. Il existe d'ailleurs pour chaque homme des moyens certains de s'assurer de l'exactitude des témoignages de ses sens particuliers; lorsque vous aurez regardé un grand nombre d'objets différents, que vous les aurez reconnus tels que tous ceux qui y voient les reconnaissent, vous pourrez croire avoir la certitude que vous n'êtes pas aveugle; et si l'on vous présente un objet nouveau, vous pourrez reconnaître sa véritable forme, sa véritable couleur; et si plusieurs hommes vous soutenaient que vous vous trompez, vous en croiriez plutôt le témoignage particulier de vos propres yeux, qui ne vous auraient jamais trompé à leur portée, et qui, de l'aveu des autres, ne vous tromperaient pas pour d'autres objets que celui en contestation, que de croire le témoignage de plusieurs hommes qui pourraient y voir mal, ou plutôt faire semblant d'y voir mal, soit pour leur intérêt, soit seulement pour avoir la satisfaction de vous tromper...... Vous pourriez ensuite consulter d'autres hommes, et il n'y a nul doute que si vos yeux étaient bons et avaient bien jugé, vous n'en trouvassiez qui jugeraient comme vous; alors vous auriez non seulement le témoignage de vos sens, mais encore celui des sens des hommes qui auraient aussi bonne vue que vous, ou qui n'auraient pas plus intérêt que vous de déguiser la vérité.

Mais, quand même vous auriez tout le monde contre vous, si vous teniez deux objets rouges, que vous les trouvassiez tous deux rouges, et qu'on vous soutînt qu'il n'y en a qu'un de rouge et que l'autre est noir, vous n'en croiriez pas moins qu'ils sont tous les deux rouges et qu'aucun des deux ne peut être noir, ou qu'ils le sont tous deux, parcequ'avec une pièce de comparaison il est impossible de se tromper.

Ce que nous disons des yeux, on peut le dire de l'ouïe, et l'on peut même l'étendre aux facultés intellectuelles.

Il nie donc la possibilité de s'assurer d'aucun fait par le témoignage..... Non, toutes les fois que ce fait sera croyable.

Il nie spécialement l'authenticité d'un livre QUELCONQUE..... Non certainement d'un livre quelconque, mais de tous ceux dont l'authenticité n'est pas inconstestable et paraît incroyable. D'ailleurs l'authenticité d'un grand nombre de livres ne peut point établir la vérité de ce qu'ils contiennent; il faut encore que ce qu'ils contiennent soit croyable et ne répugne pas à la raison.

S'il est en effet permis de douter du témoignage général des hommes, quand ils affirment qu'un autre homme a dit ou écrit que le soleil cesserait de se lever l'an prochain, il est également permis de douter de leur témoignage, quand ils affirment que le soleil s'est levé l'an dernier.

De plus fort en plus fort! Voilà bien le chef-d'œuvre, le nec plus ultra du sophisme! quoi, parcequ'on doutera que le soleil cesse de se lever l'an prochain, si un insensé le dit, on doutera que le *soleil se soit levé l'an dernier!* c'est-à-dire parcequ'on *refusera de croire* UNE IMPOSSIBILITÉ dans L'AVENIR, *il faudra refuser de croire* UNE

RÉALITÉ *passée!....* Il n'y a jamais eu au monde que M. l'abbé de La Mennais, qui pût émettre une assertion pareille !

C'est bien le cas ici de dire avec Rousseau, que lors même qu'une pareille prédiction eût été faite, et qu'on la verrait s'accomplir, cela même ne prouverait rien pour celui qui l'aurait prédite au hasard.

D'un autre côté on peut croire *au témoignage général des hommes qui affirment qu'un autre homme a dit ou écrit que le soleil cesserait de se lever l'an prochain*, ou plutôt *d'éclairer la terre,* sans croire pour cela *que le soleil cessera d'éclairer la terre l'an prochain*, ou qu'il *a cessé pendant une année* quelconque *d'éclairer la terre!*

Et quel sera le témoignage, quelque général qu'il soit, qu'on pourra préférer au témoignage de la raison particulière, pour juger une pareille articulation?.... Quoi, parcequ'on ne voudra pas croire cela, on ne pourra pas croire ou l'on n'aura pas le droit de croire *que le soleil s'est levé l'an dernier!....* En vérité, c'est se jouer de tout sens humain !

Sur quel fondement prétendez-vous que vous ne pouvez-être vous-même trompé par vos sens, que leur rapport est toujours fidèle; que SEUL D'ENTRE LES MORTELS *vous voyez toujours réellement ce que vous croyez voir, vous entendez ce que vous croyez entendre, et que* LA CERTITUDE REFUSÉE AU RESTE DU GENRE HUMAIN *est un privilége personnel qui n'appartient qu'à vous?*

D'après cela, il paraît que M. l'abbé de La Mennais s'imagine que *tout le genre humain, tous les mortels* à l'exception *d'un seul*, y voient absolument et complètement comme lui, même les idolâtres, même les mahométans, même les juifs, même les protestants !.... Comment donc alors pour *un seul individu* sur la terre, qui sera mort peut-être demain, et à coup sûr dans un soixantaine d'années, écrit-il tant de volumes? C'est pousser un peu loin le desir de convertir, que de se donner tant de peine pour un seul individu! Et si par hasard il y en avait deux ou trois, cela ne mériterait guère non plus d'être l'objet de tant d'efforts, mais alors il faudrait convenir qu'il y en aurait plus *d'un seul*, et le témoignage général ne serait plus général, il se bornerait à être le témoignage du plus grand nombre; cependant l'auteur ferait une condition bien défavorable pour son système, s'il voulait se soumettre et soumettre tous les autres au témoignage du plus grand nombre, car alors il n'y a pas l'ombre du doute qu'il ne fût forcé de se faire idolâtre, et que tous ceux qui ne sont pas idolâtres ne fussent forcés de suivre son exemple, puisqu'il y a six cent cinquante-sept millions cinq cent mille idolâtres, pour trois cent quarante-deux millions cinq cent mille croyants non idolâtres.

Et c'est après avoir écrit une pareille merveille, et l'avoir élaborée dans trois pages encore, dont nous faisons, comme nous l'avons dit, grace au lecteur, que l'auteur de l'Essai sur l'Indifférence en matière de religion apostrophe ainsi Rousseau : SOPHISTE, *reconnaissez vos paroles, et ne dites plus que la clarté d'une prophétie ne rendant pas son accomplissement impossible, cet accomplissement, quand il a lieu, ne prouve rien à la rigueur pour celui qui l'a prédit; car la possibilité que cet accomplissement soit l'effet du hasard peut être telle de votre aveu, qu'elle n'ait en sa faveur qu'une chance unique contre une infinité d'autres chances. Or, quand* IL Y A

L'INFINI A PARIER CONTRE UN QU'UN HOMME EST PROPHÈTE, *on ose penser qu'à la rigueur cela prouve quelque chose pour lui, etc.*

Ainsi quand *il y aura l'infini à parier contre un que le soleil cessera de se lever*, ou plutôt *d'éclairer la terre l'an prochain*, il faudra y croire; mais alors *tant qu'il y aura l'infini à parier contre un* que *le soleil ne cessera pas de se lever*, ou plutôt *d'éclairer la terre l'an prochain*, il sera permis de ne pas croire *qu'il cessera de se lever*, ou plutôt *d'éclairer la terre l'an prochain!*.... Hé mais, sans nous en douter, et sans que M. l'abbé de La Mennais s'en doute, nous sommes d'accord parfaitement et complètement!...... Voilà comme il arrive de disputer quelquefois faute de s'entendre! Que ne disait-il cela plus tôt! Nous serons toujours disposé à nous ranger de l'avis de ceux qui nous prouveront que leurs opinions ont *l'infini contre un à parier* pour elles! La seule chose que nous exigerons se bornera à une preuve claire et incontestable que cela est ainsi! Voilà tout! C'est facile pour la vérité! c'est impossible pour l'imposture! Bien! très bien! Nous n'avons jamais eu la prétention de mieux dire! ni Rousseau non plus, nous en sommes certains, et alors M. l'abbé de La Mennais ne devrait plus lui donner sa qualification de *sophiste!*

Jusqu'à ce qu'il soit prouvé, non pas bien entendu par les preuves qui ne prouvent pas de M. l'abbé de la Mennais, mais par des preuves qui prouvent réellement d'une manière incontestable qu'*il y a l'infini à parier contre un* que toutes les prophéties sont vraiment des prophéties, et que ceux qui les ont faites étaient de vrais prophètes inspirés de Dieu, il sera sans doute permis de ne pas croire que les sibylles, et les grands-prêtres païens aient véritablement prophétisé et prononcé des oracles

Plus sûrs que celui de Calchas !

Car ces oracles et les prophéties se ressemblent encore plus que la *goutte d'huile* de M. l'abbé de la Mennais, et la *goutte d'huile* de M. Beugnot(1), on peut dire qu'elles sont aussi pareilles que *deux gouttes d'eau* qui sont prises à la même

---

(1) Voyez notre Examen critique des tomes I et II, page 26.

source au même instant; il n'y a de différence pour nous, que parceque les oracles ont été prononcés par des païens et les prophéties par des Juifs; et comme nous faisons bien moins de cas des Juifs que des païens, puisque *nous les méprisons*, ainsi que le dit M. l'abbé de la Mennais, *jusqu'à les laisser vivre*, nous ne voyons guère jusqu'ici pourquoi nous préférerions leurs prophéties aux oracles; attendons conséquemment qu'on nous ait fait voir qu'*il y a l'infini à parier contre un* que les unes sont vraies, et qu'*il y a l'infini à parier contre un* que les autres sont faux, pour croire les prophéties et rejeter les oracles, malgré l'extrême ressemblance qu'il y a entre les unes et les autres (1).

Fatigué des efforts inouïs qu'il a faits pour

---

(1) M. l'abbé de La Mennais nous dit, page 239, que *presque tous les anciens pères, et saint Augustin lui-même, ont cru les sibylles véritablement inspirées;* ainsi, d'après cela, on ne peut plus dire que les prophéties sont plus sûres que l'oracle de Calchas !...... Allons, nous le voulons bien puisqu'il le faut, et, diront peut-être quelques mécréants, nous croirons autant aux oracles qu'aux prophéties, et aux prophéties qu'aux oracles! sera-t-il M. de La Mennais content de cette résolution?

combattre Rousseau et terrasser le lecteur incrédule, l'auteur de l'Essai sur l'Indifférence en matière de religion recommence à faire des recherches dans sa bibliothèque, et comme il se doute bien qu'il n'a pas encore vaincu, il prend un énorme Cicéron et nous le jette à la tête, il se saisit ensuite d'une Bible et nous la lance aux yeux, puis un Saint-Augustin et nous le jette au nez, un Clément d'Alexandrie, un Lactance, le Koran, un Pascal, ainsi qu'une quantité prodigieuse de bouquins qu'il fait pleuvoir sur nos oreilles, nos épaules et nos bras..... esquivons donc cette bordée et rendons-nous sur un autre terrain.

CHAPITRE XXVII.

Voyons les miracles de M. de La Mennais. — Retour aux prophéties. — Point de prophète sans miracle. — Difficulté de distinguer les vrais miracles des faux. — Inutilité des miracles et des prophéties, d'après ce qui précède. —Voltaire et Rousseau. — Singulière conséquence de M. de La Mennais. — Encore un fragment de Rousseau. — Rousseau traité de nouveau de sophiste. — Synonyme prétendu de sophisme et raisonnement. — Sophisme gigantesque de M. de La Mennais. — Combat du sophisme précédent. — L'ignorance de Newton.

Nous voici donc arrivé sain et sauf jusqu'*aux Miracles!....* Succomberons-nous ici plutôt qu'aux *Prophéties?....* Il faudrait pour que cela fût possible, et qu'il y eût seulement *un à parier contre l'infini,* avoir affaire à un adversaire un peu moins maladroit que l'auteur de l'Essai sur l'Indifférence en matière de religion, et malgré la liberté de ses mouvements, et la gêne qui entrave les nôtres, nous pourrions encore en douter.

Voyons donc les miracles de M. l'abbé de La Mennais.

Avant d'en occuper son lecteur, il commence par le ramener encore aux prophéties ; et comme son expression est curieuse au plus haut point, attendu qu'elle combat ce qu'elle veut prouver, il faut s'y arrêter un instant : *un homme dit*, JE SUIS L'ORGANE DE LA DIVINITÉ, ÉCOUTEZ-MOI. *Mais* QUEL EST L'IMPOSTEUR OU L'ENTHOUSIASTE QUI N'EN PEUT DIRE AUTANT ?.... *Sa parole seule ne suffit pas.... Il faut qu'elle soit appuyée d'une sanction; il faut en un mot que* LE TOUT-PUISSANT ACCRÉDITE SON ENVOYÉ *près de ceux auxquels il doit parler en son nom* (page 307).

On doit sur-tout prendre garde à ceci : *quel est l'imposteur ou l'enthousiaste qui ne peut dire, Je suis l'organe de la divinité ?*... En prenant acte de ce qu'affirme là M. l'abbé de La Mennais, on aura ensuite de la peine à croire aux prophéties et aux miracles, malgré tout ce qu'il peut assurer, ainsi que les anciens pères et saint Augustin.

Sa parole ne suffit pas, il faut qu'elle soit appuyée d'une sanction; il faut que le Tout-Puissant accrédite son envoyé..... Tout le monde sera de cet avis; et l'auteur de l'Essai sur l'Indifférence en matière de religion, qui est ordinairement si peu clair, puisque ses meilleurs amis ne comprennent pas, de son aveu, un seul mot de tout ce qu'il dit, et c'est sans doute pour cela qu'ils le louent avec excès, n'a pas été adroit en devenant tout-à-coup, cette fois-ci, d'une telle clarté, sans le vouloir, qu'*un enfant à peine né à l'intelligence*, pour nous servir d'une de ses locutions, le comprendra sans la moindre peine.

Où sont donc les lettres de créances que le Tout-Puissant donne ou a données aux prophètes?.... Où est *cette sanction indispensable dont tous les hommes* SAVANTS *ou ignorants doivent être également frappés?*.... (page 308). *Le pouvoir se manifeste par des actes; l'envoyé divin devra donc manifester un pouvoir divin*.... (ibid.) et conséquemment faire des miracles!

D'après cela, il n'y a de vrais prophètes que ceux qui ont fait des miracles, et il faut traiter *d'imposteurs* ou *d'enthousiastes*, d'après M. l'abbé de La Mennais, tous ceux qui n'en ont point fait. Il le répète encore très positivement dans la même page: *point de révélation sans miracle;* et afin qu'on ne se méprenne pas sur les vrais miracles, il les définit très bien *des actions divines aperçues de l'homme par ses sens* (page 308). Ainsi ils doivent être visibles et palpables.

Mais ce n'est pas tout; les miracles palpables et visibles ne sont même pas toujours des miracles, les prédictions ne sont pas toujours des prédictions! M. l'abbé de la Mennais en voulant combattre Rousseau encore une petite fois, le fait triompher comme de coutume, en citant ce passage du Deutéronome: *Quand même, dit Moïse aux israélites,* LES PRÉDICTIONS, d'un prophète qui vous engagerait à suivre de faux dieux, S'ACCOMPLIRAIENT, *ne* L'ÉCOUTEZ PAS (note de la page 311).

Ainsi les prophéties et les miracles ne doivent être crus avec confiance que lorsqu'ils sont pour la bonne cause! Rien de mieux; mais alors ils n'émanent donc pas toujours de la divinité, même lorsqu'ils sont palpables et visibles? Comment alors est-il possible de reconnaître, sur deux miracles parfaitement pareils, celui qu'il faut croire et celui qu'il ne faut pas croire? En rejetant celui qui est contraire à la vraie religion, et en écoutant celui qui la sert! Dans ce cas les miracles sont inutiles, et l'on peut se borner à rester dans la croyance où l'on est né sans s'arrêter aux miracles et aux prophéties?.... Voilà la juste conséquence de ce qu'avance M. l'abbé de La Mennais.

A la suite de ce passage, l'auteur cite un fragment de Voltaire qui nie, par des raisons physiques, la possibilité des miracles, et qui ajoute à ces raisons physiques des observations un peu plus solides que celles de l'auteur de l'Essai sur l'Indifférence, comme on le présume sans beaucoup de peine. Que fait M. l'abbé de La Mennais? Ne pouvant triompher du philosophe de Ferney, il ajoute : *Je ne serais point surpris que son autorité prévalût dans votre esprit contre l'évidence même; car l'effet de l'erreur est d'accoutumer la raison à la servitude : c'est la punition de l'orgueil.* QUE VOUS DIRE DONC? *Qu'opposer à l'autorité qui vous subjugue?* VOLTAIRE A PARLÉ, *je l'avoue;* MAIS DAIGNEZ AUSSI ÉCOUTER ROUSSEAU (page 315).

Très volontiers, lui dira-t-on; car cette prose-là en vaut bien une autre, sans en excepter aucune!

Que dit donc Rousseau ?..... Il est inutile de le citer et d'en remplir ce volume comme l'auteur de l'Essai sur l'Indifférence en matière de religion en remplit les siens. Il est suffisamment dans toutes les bibliothèques ; écoutons-en le résumé : MOINS HARDI *que Voltaire* DANS L'ABSURDITÉ, *Rousseau consent de bonne grace à accorder à Dieu le pouvoir de faire des miracles;* SEULEMENT IL DOUTE QUE DIEU VEUILLE USER DE CE POUVOIR (page 319).

Il semble que le résultat est le même, et qu'il n'y a pas une adresse excessive à nous prier instamment *de daigner écouter Rousseau qui ne croit pas que Dieu veuille faire de miracles,* pour contredire Voltaire *qui émet des raisons physiques pour prouver l'impossibilité des miracles !* Dans l'un comme dans l'autre, la même chose reste nette et claire, savoir : *qu'ils ne croient pas qu'il y ait eu de miracles.*

Voilà une cause bien défendue !..... Si M. l'abbé de La Mennais était avocat, il parviendrait difficilement à se faire une clientelle !.....

Après avoir cité Voltaire et Rousseau, il cite encore Rousseau, et, cette fois, nous sommes

forcé de copier le passage : « Puisqu'un mira-
« cle est une exception aux lois de la nature,
« pour en juger il faut connaître ces lois, et,
« pour en juger sûrement, il faut les connaî-
« tre toutes : car une seule qu'on ne connai-
« trait pas, pourrait, en certain cas, inconnu
« aux spectateurs, changer l'effet de celles
« qu'on connaîtrait. Ainsi celui qui prononce
« qu'un tel ou tel acte est un miracle, déclare
« qu'il connaît toutes les lois de la nature, et
« qu'il sait que cet acte est une exception.

« Mais quel est ce mortel qui connait toutes
« les lois de la nature? Newton ne se vantait
« pas de les connaître. Un homme sage, té-
« moin d'un fait inouï, peut attester qu'il a vu
« ce fait, et l'on peut le croire; mais ni cet
« homme sage, ni nul autre homme sage sur
« la terre n'affirmera jamais que ce fait, quel-
« que étonnant qu'il puisse être, soit un mi-
« racle; car, comment peut-il le savoir? Soit
« donc qu'il y ait des miracles, soit qu'il n'y
« en ait pas, il est impossible au sage de s'as-
« surer que quelque fait que ce puisse être en
« est un » (pages 329 et 330).

Ce sage raisonnement est appelé, par

M. l'abbé de La Mennais, un *sophisme* (Ibid.). Il paraît qu'il n'est pas connaisseur dans son propre genre d'ouvrage; le grand Corneille, dit-on, n'était point du tout connaisseur en belles tragédies, quoiqu'il en composât de fort belles; c'est toujours quelque chose que de ressembler à un grand homme sur un point quelconque!

Ce serait faire injure à la sagacité du lecteur que de lui expliquer ou commenter le passage de Rousseau; ce livre-ci n'est fait ni pour les ignorants, ni pour les sots, et le lecteur qui l'aura lu jusqu'ici ne peut qu'être d'une autre catégorie.

Nous ne nous arrêterons même pas à la distinction vraiment *sophistique* et oiseuse que l'auteur de l'Essai sur l'Indifférence en matière de religion entreprend de faire des lois réelles de la nature et de celles qui ne sont pas réelles; mais nous ne pouvons passer sous silence l'énorme sophisme à l'aide duquel il prétend combattre le passage de Rousseau.

Le raisonnement de Rousseau, dit-il, *aurait d'ailleurs* DE SI TERRIBLES CONSÉQUENCES, *qu'il* suffit de les indiquer pour faire sentir COMBIEN IL EST ERRONÉ (page 321).

Ce prétendu *sophisme* de Rousseau est devenu *un raisonnement*, à la bonne heure! mais, est-ce que l'auteur voudrait faire croire qu'il y a synonymie entre ces deux mots? Nous ne pouvons lui passer ceci; nous conviendrons, pour lui faire plaisir, que, lorsqu'il traite une proposition de *sophisme*, elle est *un raisonnement*, et que, lorsqu'il croit faire un *raisonnement*, il fait un *sophisme*; mais, hors de ces cas, fréquents à la vérité, il est impossible de trouver que l'un de ces mots soit le synonyme de l'autre.

Allons plus avant. Quelles sont donc les *terribles conséquences* qu'aurait le raisonnement de Rousseau?.....

Voici le sophisme : *Il faudrait en conclure* qu'à MOINS DE SAVOIR TOUT, ON NE PEUT RIEN SAVOIR CERTAINEMENT, *et que, condamné dès lors sans retour à un* DOUTE UNIVERSEL, *ce je ne sais quel fantôme, qu'on appelle l'homme, s'agite et se tourmente en vain dans son* IRRÉMÉDIABLE IGNORANCE (Ibid. et page 222).

Voilà comme, en donnant une extension insensée aux raisonnements les plus sages, les sophistes parviennent à se persuader qu'ils aveugleront les hommes clairvoyants !

Quoi ! parcequ'on ne connaîtra pas tous les phénomènes de la nature, qu'à force d'en connaître de nouveaux, on supposera raisonnablement qu'il en est encore beaucoup d'inconnus, on devra *conclure qu'on ne sait rien certainement à moins de savoir tout !* c'est-à-dire que celui qui ne connaît pas les causes des phénomènes les plus extraordinaires, ne peut pas connaître ce qui est le plus à sa portée et le plus facile ? c'est-à-dire qu'on ne peut pas être un homme ordinaire à moins d'être un homme extraordinaire ? qu'on ne peut pas posséder un certain degré d'instruction à moins de tout savoir ? que lorsqu'on voit sortir du feu de l'eau, on doit crier au miracle plutôt que de s'assurer s'il n'en sort pas du gaz qui s'enflamme aussitôt qu'il est en contact avec l'air ? que si l'on ne connaît pas l'hydrogène, on doit aussi crier au miracle dès qu'on voit un flambeau lumineux sans combustible d'aucune espèce ? que si l'on ne connaît pas l'électricité, on doit se croire ensorcelé ou frappé par une main invisible lorsqu'on reçoit la commotion électrique? c'est-à-dire enfin que lorsqu'on sera témoin d'un phénomène physique dont on ne connaîtra pas la cause, on devra lui en supposer une surnaturelle au lieu de lui en supposer une raisonnable? on devra l'admirer au lieu de chercher à en découvrir la cause? et parceque Newton n'aurait pas crié *au miracle* en pareil cas, et serait convenu qu'*il ne connaissait pas toutes les lois de la nature*, il aurait fallu conclure *que, puisqu'il ne savait pas tout, il ne pouvait rien savoir certainement? qu'il était condamné à un doute universel? et qu'il s'agitait en vain dans son irrémédiable ignorance?*.... L'IRRÉMÉDIABLE IGNORANCE DE NEWTON ! ! ! bravo!.... En vérité voilà un degré d'absurdité qui sort de toute échelle probable, et qui dépasse si fort toute possibilité humaine, qu'il faudrait le prendre pour un vrai miracle si l'on adoptait le système de M. l'abbé de La Mennais.

La plume tombe des mains, le courage et la persévérance abandonnent, lorsqu'on voit de pareilles assertions soutenues sérieusement;

aussi nous laisserons l'auteur tourner jusqu'à satiété dans ce cercle, et passer des lois physiques aux lois morales, avec le même bon sens et la même raison. Pour combattre davantage de pareilles assertions il faudrait supposer qu'après tout ce qu'on vient de voir, quelqu'un pourrait encore en être dupe, et ce serait avoir une idée bien inexacte, bien outrageante, de l'espèce humaine.

CHAPITRE XXVIII.

Nouvelle manifestation du tic de M. de La Mennais.—Petit sophisme.—Qu'on peut être aveugle de plusieurs manières.—Comment on peut croire et ne pas croire. — La loterie de M. de La Mennais.—Ce qu'on peut en conclure.—Conséquences.

L'ancien *tic* (1) de l'auteur de l'Essai sur l'Indifférence en matière de religion, s'est manifesté dans cette partie presque aussi vivement que dans son tome II. Ainsi, il nous dit que *l'athée est un malheureux qui ne connaît de lumière que* LES TÉNÈBRES..... *et d'espérance que* LA MORT (page 319); que la créature insensée qui *fuit le salut, se retire jusque dans* L'OMBRE DE LA MORT (pages 334 et 335); que *l'être qui repousse la félicité que Dieu lui offre, se crée au sein de la vie une* ÉTERNELLE MORT (page 388)! etc., etc., etc.

Certain âge accompli,
Le vase est imbibé, l'étoffe a pris son pli;

---

(1) Voyez notre Examen critique des tomes I et II, page 38.

En vain de son train ordinaire
On veut le désaccoutumer,
Coups de fourches ni d'étrivières
Ne le font changer de manières ;
Et, fussiez-vous embâtonné,
Jamais vous n'en serez le maître :
Qu'on lui ferme la porte au nez,
Il reviendra par la fenêtre.

Voilà ce que La Fontaine a dit du caractère ; il en est de même des *tics* et du style ; quelques efforts qu'on fasse, il est difficile,

Certain âge accompli,

de les changer complétement ; ceci a son bon côté ; car, puisque les pages de M. l'abbé de La Mennais sont pleines de *mort*, elles ne dureront pas long-temps, et nos neveux ne courront pas le risque de les lire.

Voyons conséquemment encore un petit sophisme de l'auteur, avant que ses pages ne soient mortes.

Pour prouver qu'on doit croire aux miracles, voici ce qu'il émet : « Un homme sage, « dit Rousseau, témoin d'un fait inouï, peut « attester qu'il a vu ce fait, et l'on peut l'en « croire. » *A plus forte raison pourra-t-on et* devra-t-on croire plusieurs hommes sages qui attestent unanimement le même fait.

Ainsi NOUS NE POUVONS *par le témoignage*, ÊTRE CERTAIN QU'UN HOMME EST AVEUGLE..... *Qu'après m'être assuré, persuadé, sur le rapport de mes sens, qu'un homme est aveugle : deux ou trois personnes viennent me dire :* « Nous avons aussi « observé cet homme, il n'est point aveugle. » *Je commencerai au moins à douter : et si d'autres personnes sensées confirment le témoignage, je croirai sans hésiter, et je devrai croire sous peine de folie, que je me suis trompé dans mon jugement* (page 336).

Distinguons : on peut être aveugle de plusieurs manières. On a la prunelle plus ou moins vive, plus ou moins terne, et alors on peut être aveugle comme ne l'être pas ; on peut être aveugle instantanément et recouvrer la vue. Ainsi nul doute qu'un fourbe ne puisse faire l'aveugle assez habilement pour tromper ; comme aussi nul doute qu'un véritable aveugle ayant encore la prunelle, ne puisse recouvrer la vue. Conséquemment, si nous avons cru sur leur rapport et sur le rapport de nos sens, que ce fourbe et ce véritable aveugle fussent privés de la vue, nul doute que si l'on vient nous dire quelque temps après qu'ils y voient parfaitement, nous ne croyions celui qui nous le dira; nous n'aurions même pas besoin que plusieurs hommes sensés vinssent nous l'affirmer, parceque la chose n'est pas impossible et n'a rien de miraculeux.

Mais si nous avons vu et touché l'orbite des yeux d'un aveugle, et que sur le rapport de nos yeux et de nos doigts, nous ayons acquis la preuve que la prunelle de chaque œil ait été complétement enlevée, qu'il n'y reste plus que la chair rouge...... quand des millions d'hommes, même sensés, viendraient nous affirmer que cet aveugle a recouvré la vue, notre raison se refuserait à le croire; il faudrait que ce phénomène pût s'opérer en notre présence, et s'il s'y opérait, nous ne l'appellerions pas encore un *miracle*, nous aurions la conviction intime que celui qui y réussirait, connaîtrait un moyen de faire revenir de nouvelles prunelles, moyen à l'aide duquel, s'il le faisait une fois connaître, tout homme pourrait en faire revenir absolument comme lui.

Il est donc évidemment faux, pour les choses raisonnablement présumées impossibles, que *le témoignage puisse donner une certitude plus complète d'un fait, que si on l'avait vu soi-même*, quoi qu'en veuille bien dire M. l'abbé de La Mennais. (*Ibid.*)

Donc, ajoute-t-il, *si des témoins nombreux affirment qu'un homme était aveugle, qu'un autre homme a prié sur lui, et qu'à l'instant même cet aveugle a recouvré la vue, leur témoignage pourra me rendre aussi certain de ces faits, qu'on peut être certain d'aucun fait quelconque.* (*Ibid.*)

Nous avons répondu d'avance à tout cela, il est inutile de nous répéter.

Il est vrai, dit-il encore, *qu'avant que l'aveugle eût recouvré la vue, il y avait contre la probabilité d'un pareil événement des chances aussi multipliées qu'on le voudra; mais cela n'infirme en rien le témoignage postérieur à l'événement, et qui portant sur un fait actuellement accompli, constate uniquement ce fait, et déclare qu'elle est, dans toutes les chances possibles, celle qui s'est réalisée.* QUE D'UN VASE REMPLI DE BOULES NUMÉ-

ROTÉES, *on en tire une au hasard, plus il y a de boules, plus il y a aussi de probabilités que* TELLE BOULE DÉTERMINÉE N'EST PAS CELLE QUI SORTIRA. *Mais,* APRÈS LE TIRAGE, *l'incertitude résultante de la multiplication des chances n'existe plus. A ces chances plus ou moins possibles, plus ou moins probables, succède un fait certain,* LA BOULE SORTIE ; *et pour constater quelle est* CETTE BOULE, *le même nombre de témoins suffit, qu'il y eût* CENT BOULES *dans le vase ou qu'il y en eût* DIX MILLIONS. *C'est confondre deux questions totalement différentes, que de s'imaginer que le peu de probabilité d'un évènement diminue, dès qu'il a eu lieu, la force du témoignage qui l'atteste* (page 337).

Nous rougissons de transcrire de semblables puérilités!..... On voit que l'auteur n'est pas heureux à la loterie!

S'il y a *cent boules numérotées* dans un vase, ou *dix millions de boules,* comme il voudra, et qu'un homme vienne nous dire qu'il sait d'avance celle qu'on va tirer au hasard, nous hausserons les épaules sans daigner voir faire l'expérience, et nous le prendrons pour un imposteur ou pour un fou, parceque la chose est complètement improbable.

Que des hommes, plus patients que nous, viennent ensuite nous dire qu'ils ont vu l'expérience, et que la boule que cet individu a prédite est réellement sortie; nous croirons peut-être le témoignage qui nous affirmera que cette boule est sortie, parcequ'en effet une fois tirée il n'y a rien d'incroyable que ce soit un numéro ou un autre que le hasard ait amené; mais aucun témoignage humain ne pourra nous persuader que ce tirage n'est pas un effet du hasard, et quand nous verrions le même individu annoncer *dix millions* de fois la sortie de tel numéro, et le tirage répondre à ce qu'il aurait annoncé, nous trouverions ce fait extraordinaire, mais loin de le croire miraculeux, nous l'attribuerions à quelque adroite fourberie ou à un hasard qui, pour être très surprenant, n'en serait pas moins un hasard; et il est impossible que tout homme sensé pût l'attribuer à autre chose qu'au hasard ou à la fourberie.

D'un autre côté, parcequ'on viendra nous

témoigner que tel numéro est sorti à la loterie, ce que nous pouvons croire aisément quand le tirage a eu lieu, puisqu'il n'y a rien d'extraordinaire dans ce témoignage, serons-nous forcés de croire les mêmes hommes, ou d'autres, s'ils nous assurent qu'ils ont vu un homme nu, sans aucun appareil, ni aucun instrument, ne tenant rien, et n'étant tenu à rien, s'élever ainsi dans les airs, ou marcher à pieds secs sur la mer, ou rester quinze jours, soit au fond de l'océan, soit dans le ventre d'une baleine, soit dans une fournaise ardente?..... En vérité, c'est compter un peu plus que de mesure sur la crédulité du genre humain, que de lui débiter avec asssurance de semblables assertions !

L'auteur nous dit un peu plus loin : *J'adjure tout homme sensé et de bonne foi de me dire ce que répondra* LE GENRE HUMAIN ! (page 342).

Il n'est guère probable que *le genre humain* tout entier soit consulté sur les propositions de M. l'abbé de La Mennais, mais le petit nombre de lecteurs *sensés et de bonne foi*, qui aura la patience de les examiner, n'aura pas besoin d'être *adjuré* pour prononcer tout le contraire de ce que l'auteur veut faire croire qu'il en attend ! Ainsi, brisons sur ce chapitre, et passons à un autre.

CHAPITRE XXIX.

Du dédain et du mépris.—De l'amour de soi.—De l'égoïsme.—Furieuse déclamation de M. de La Mennais contre les peuples.—Ce que c'est que l'amour de soi dans un peuple.—Comment le peuple détruit le pouvoir.—Qu'il n'y a plus d'incrédules d'après M. de La Mennais.—Des droits et des devoirs.—Le spcetre, c'est l'épée.—Amphigouri.—Le maître et l'esclave.—Outrages frénétiques contre les peuples.—Les peuples, et particulièrement le peuple français, vengé des outrages de M. de La Mennais.—Ce que c'est qu'un peuple.—Ce que font les peuples.—Qu'il faudrait punir de semblables calomnies.—Tableau véritable du peuple français.—Sa révolution.— Tableau de la génération actuelle.—Singulière confession de M. de la Mennais.—Petite pièce comique.—Arrêtons-nous !

Les trois derniers chapitres du tome IV de l'Essai sur l'Indifférence en matière de religion sont intitulés l'un : *De Jésus-Christ;* l'autre : *Établissement du christianisme;* et le dernier : *Autorité du christianisme;* nous ne nous y arrêterons que peu, pour faire voir seulement que l'auteur y est toujours le même.

Partant de ces paroles de l'Évangile de saint Mathieu : « *Celui qui s'humilie sera élevé ,* » il trouve qu'on ne doit pas se plaindre *d'être abject aux yeux du monde*, qu'on ne doit pas non plus se plaindre du *mépris* ni *du dédain*, ni *de l'opprobre*. Sans doute l'humilité ou plutôt *l'humbleté*, s'il nous était permis d'introduire un nouveau mot, ne doit pas être confondue avec l'humiliation, elle est une qualité voisine de la modestie, qu'on aime à trouver dans les hommes ; mais il semble qu'au lieu de les exhorter à ne pas se plaindre de *l'abjection*, du *mépris*, du *dédain*, de *l'opprobre*, il vaudrait mieux les exhorter à mériter par leurs vertus et leurs talents d'être admirés, distingués, recherchés ; on leur rendrait un plus grand service pour leur propre bonheur, et l'on rendrait un plus grand service à la société, en excitant l'émulation des vertus et des talents dont elle recueille les fruits.

Nous convenons que le *mépris*, le *dédain* qui ne sont point mérités, ou qui sont témoignés par des hommes justement trouvés *méprisables* et *abjects*, ne doivent point toucher le galant-homme qui se les attire précisément par ses talents et ses vertus; mais un *mépris*, un *dédain* mérités, et témoignés par des hommes estimables, doivent être les plus grands tourments moraux des coupables inclinations, de la bassesse, de l'hypocrisie et de la sottise.

L'Orgueil ou l'amour désordonné de soi, ajoute M. l'abbé de La Mennais, *sépare l'homme de ses semblables;* ceci semble d'abord s'adresser aux égoïstes, et leur conviendrait parfaitement; car l'égoïsme est le plus grand fléau de la société, il ne connaît que l'intérêt personnel; tous les sentiments qui ne se rapportent pas directement et subitement à celui qui l'éprouve et qui intéressent la société, lui restent complètement étrangers; l'héroïsme, la générosité, la grandeur d'ame, toutes les vertus, toutes les qualités, ne peuvent germer dans son cœur perverti; les passions sales et criminelles s'y peuvent seules développer; aussi il n'est sorte de vices, on peut même dire de crimes, qui nuise plus directement, plus complètement à la société, et l'on doit regarder les égoïstes, non seulement comme les êtres les plus dignes du mépris, mais encore comme les plus dignes de l'animadversion des hommes.

Revenons à notre auteur : *l'orgueil ou l'amour désordonné de soi sépare l'homme de ses semblables comme il le sépare de son auteur* (on va voir qu'il n'est pas du tout question de l'égoïsme). *Il* DÉTRUIT LE POUVOIR *en détruisant* L'OBÉISSANCE ; *il* BRISE *tous* LES LIENS SOCIAUX. *Quiconque* EST LUI-MÊME SON DIEU, *veut être* AUSSI SON ROI. *Alors il n'existe* NI DROITS, NI DEVOIRS ; *la* FORCE *seule commande*; SES CAPRICES, *voilà l'unique loi*. LE SOUVERAIN QU'ELLE FIT HIER, ELLE LE RENVERSE AUJOURD'HUI : *un autre* LE REMPLACE ; *son* SCEPTRE *c'est l'épée ;* TOUS PLOIENT SOUS ELLE , NUL N'OBÉIT. *On lit* LA TERREUR SUR LE FRONT DU MAÎTRE, *et* LA HAINE DANS L'OEIL DE L'ESCLAVE. *Quelquefois*, SE DRESSANT TOUT-A-COUP, *il* SECOUE SES FERS AVEC FUREUR, *et réclame à grands cris* SA SOUVERAINETÉ. *Et le moment d'après* IL SE COURBE *sous une* PLUS DURE SERVITUDE (page 417).

Il est difficile d'entasser plus de furieuses déclamations, qu'il n'y en a dans ce passage !

L'orgueil ou l'amour désordonné de soi sépare l'homme de ses semblables, comme il le sépare de son auteur !....

On vient de voir que si ces mots s'adressaient à l'égoïsme, ils seraient justes, mais la suite fait voir même aux moins clairvoyants que c'est pour les peuples, ou, au moins, pour le peuple français, que M. l'abbé de La Mennais a écrit ces lignes, que nous nous abstiendrons de qualifier.

Or cet *amour désordonné de soi*, dans un peuple, n'est pas autre chose que de n'aimer point d'être calomnié, insulté, torturé, rançonné dépouillé! Cet *orgueil*, dans un peuple, n'est pas autre chose que de connaître toute la dignité de l'homme et d'aimer qu'on la respecte!.... Comment pourrait-il donc se faire que des penchants si naturels, si nobles, dans toute la véritable acception du mot, pussent séparer l'homme, ou chaque membre d'un même peuple, de son semblable et de son auteur? ils doivent aux contraire serrer tous les liens sociaux, les consolider, les rendrent durables, et comme ce sont de véritables vertus, elles doivent-être agréables à l'auteur de l'homme, s'il s'occupe de ce qui se passe ici-bas.

Il détruit LE POUVOIR *en détruisant* L'OBÉISSANCE!.... La dignité de l'homme, la noblesse de ses sentiments, l'amour de la justice, consolident le pouvoir équitable et en sont les plus fermes soutiens; mais alors même que le pouvoir est inique et violent, il a encore les moyens de se faire obéir et d'empêcher sa destruction, hormis les cas dont il sera bientôt question; et alors il ne peut accuser que lui-même, que son iniquité, que sa violence, de ce qui lui arrive ; car il était libre d'être juste et humain, et, s'il avait préféré de l'être, jamais l'on n'aurait voulu le détruire, ni détruire l'obéissance.

Il brise tous les liens sociaux!..... On vient de voir au contraire qu'il les consolide.

Quiconque est lui-même son DIEU, *veut être aussi son* ROI!..... Oui, mais il ne peut y avoir qu'un fou qui prétende être son Dieu, et alors il n'est pas étonnant que ce même fou ne veuille aussi être son Roi.

Si cependant, par ces mots, l'auteur, dans son style tout particulier, prétendait dire que l'incrédule refuse d'obéir au gouvernement pn pays qu'il habite, on ne pourrait plus affirmer qu'il existât un seul incrédule, parcequ'il n'y a pas un individu qui, bon gré mal gré, puisse se refuser d'obéir aux lois justes ou injustes que tout gouvernement proclame.

Alors il n'existe ni DROITS *ni* DEVOIRS; *la*

FORCE SEULE COMMANDE ; *ses caprices*, VOILA L'U-
NIQUE LOI !...... Les *droits* et les *devoirs* existent
toujours ; ils peuvent être méconnus par des
factions et de mauvais gouvernements, mais
les peuples ne desirent alors que de ne plus
les voir méconnaître ; et comme ce n'est jamais la force ni les caprices des peuples qui
commandent et dictent des lois, mais bien la
force et les caprices des factions et des mauvais gouvernements, ceci ne peut s'adresser
à aucun peuple.

Le souverain QU'ELLE FIT HIER, *elle le* DÉFAIT
AUJOURD'HUI !...... A qui l'auteur espère-t-il faire
accroire que les peuples font et défont des
gouvernements ?

Un autre le REMPLACE; *son* SCEPTRE *c'est*
L'ÉPÉE !...... Louis XIV a eu complétement tort
s'il a dit : l'*État c'est moi!* Mais on a pu dire
de tous les temps, que le *sceptre* n'est pas
autre chose que l'*épée*. Il n'y a aucune exception, pas même à Rome où le souverain ne
porte pas d'*épée*, car c'est toujours par l'*épée*
ou par les armes, ou par le glaive, qu'on se
fait obéir.

Tous PLOIENT SOUS ELLE, *nul* N'OBÉIT !......

Ceci est un des amphigouris de l'auteur ; il signifie: *tous ploient sans ployer!* ou *tout obéit sans obéir!*..... Il est inutile de s'appesantir sur cette misère; comment encore une fois peut-on se flatter de concilier ce qui est inconciliable?

On lit LA TERREUR SUR LE FRONT DU MAITRE *et* LA HAINE DANS L'OEIL DE L'ESCLAVE!..... Partout où il y a un *maître* injuste *et un esclave* maltraité, il est de toute impossibilité que le maître n'éprouve pas la terreur que la haine qu'il mérite doit lui inspirer; il doit toujours voir le glaive de Damoclès suspendu sur sa tête; à qui la faute? est-ce l'esclave qui a tort de haïr son persécuteur, ou le *maître* qui a tort de maltraiter son *esclave?* la réponse n'est certainement pas douteuse!

Mais il ne s'agit point du tout ici de maître ni d'esclave, et c'est faire un étrange abus des mots que d'appliquer ces qualifications, comme M. l'abbé de La Mennais les applique; c'est-à-dire aux chefs des états et aux peuples.

Il y a heureusement très long-temps qu'en France et dans les pays qui l'avoisinent, on ne connaît plus de *maîtres* ni d'*esclaves;* les chefs des gouvernements sont des chefs et ne sont plus des *maîtres;* les peuples sont des peuples et ne sont plus des *esclaves.*

Le commandement le plus raisonnable d'un chef n'est obligatoire pour les peuples, que lorsqu'une loi en autorise l'exercice, et les hommes ont le droit de refuser l'obéissance toutes les fois qu'elle n'est pas prescrite par une loi.

Si ce droit existe incontestablement, même pour résister au commandement d'une chose qui n'a rien de déraisonnable, à plus forte raison existe-t-il pour résister aux choses injustes et offensantes. Conséquemment, si un gouvernement quel qu'il soit, veut vous ravir illégalement vos biens, votre femme ou votre fille ; veut vous imposer des actions qui répugnent à la dignité de l'homme, à son honneur, à sa pudeur; il n'est nul doute que vous n'ayez le droit de refuser d'obéir; et s'il prenait la précaution de rendre des lois pour vous ravir ce droit, vous seriez libre de vous y soustraire en quittant le pays et en cherchant une autre patrie; ainsi quoi qu'en dise M. l'abbé de La Mennais et ses amis, il n'est plus question, et il ne pourra jamais plus être question de *maîtres* ni d'*esclaves* dans les pays civilisés.

Quelquefois, SE DRESSANT *tout-à-coup, il* SECOUE SES FERS *avec* FUREUR, *et réclame à grands cris* SA SOUVERAINETÉ !....

Cela fait pitié comme tout le reste, et il est inconcevable qu'on ait l'audace de l'écrire en France, en 1823.

Et le moment d'après IL SE COURBE SOUS UNE PLUS DURE SERVITUDE !....

Il faut être organisé bien malheureusement pour juger les peuples de la sorte, ou plutôt pour les outrager ainsi !

Les peuples, les nations, sont les populations des pays; pas autre chose. Ces populations se composent de tous les particuliers pris en masse. Voilà de ces vérités tellement connues de tout le monde, qu'on rougit de les écrire !

Or les particuliers, les populations, ont-ils jamais pu culbuter un gouvernement et s'en choisir un autre ? n'ont-ils pas toujours, au contraire, été les jouets et gémi sous le joug de toutes les factions et de tous les despotes qui se sont emparés du timon des affaires ?,..., Ce qu'il y a de plus respectable, de plus honorable, de plus estimable dans quelque pays que ce soit, c'est l'homme privé qui remplit ses devoirs sociaux, et supporte les charges de l'état; le peuple, la nation, ou la population, est la réunion des hommes privés, et ces hommes privés ne demandent que la tranquillité et le libre exercice de leurs droits; on n'a rien à faire que d'être juste pour s'en faire aimer; on a beaucoup d'iniquités à commettre pour s'en faire haïr; leur affection se manifeste par un dévouement sans bornes; leur haine ne se témoigne guère que par l'inertie; dans le premier cas, si l'étranger ou des factieux se présentent, ils sont culbutés sans peine, et le gouvernement triomphe; dans l'autre cas, l'inertie de la population les laisse réussir, et le gouvernement succombe, sans qu'elle soit appelée à s'en choisir un autre; car celui qui l'emporte sait bien prendre la place vacante.

Voilà ce qui est toujours arrivé dans tous

les temps et dans tous les lieux, et l'homme même le moins instruit le sait.

Il serait donc temps de mettre un terme à ces déclamations furibondes et virulentes contre les peuples ; déclamations qui portent à faux, qui ne sont utiles que pour exaspérer les hommes les plus paisibles, et qui ne sortent ordinairement que de la bouche des factieux et des ennemis de l'ordre, afin de diviser les peuples et de profiter des débris de l'état.

Il existe en France une loi qui établit des peines pour les outrages dirigés contre une catégorie de citoyens ; la nation tout entière vaut bien une catégorie ; et il serait non seulement desirable, mais encore il serait juste et utile qu'on la vengeât des insultes et des calomnies odieuses qu'on ose se permettre contre elle.

Et quelle est cette population qu'on se permet de calomnier avec si peu de modération ? C'est celle qui marche à la tête de la civilisation de l'Europe ! celle qui fait le plus admirer son goût, ses lumières, sa raison, sa vertu, sa valeur !

Eh! qu'on ne lui reproche pas la révolution qui l'a ensanglantée, les factions qui l'ont déchirée; elle a tout souffert, sans rien faire souffrir! La population de France a gémi de tous les maux qui se sont cumulés sur elle, comme les peuples des autres pays ont gémi des maux qui pesaient sur eux, sans les mériter ni se les attirer. Ce sont les factions et les gouvernements détestables de tous les temps et de tous les lieux qu'il faut vouer à l'exécration de toutes les postérités.

Ce n'est point ici le lieu d'examiner qui a fait la révolution française et qui l'a ensanglantée durant ses diverses périodes; ce qu'il y a de réel, c'est que la population, ainsi qu'il vient d'être dit, n'en a été que la victime! mais allons plus loin. Les hommes mêmes qui y ont figuré ont presque tous été moissonnés par la faux destructive des dissensions civiles, ou par la faux du temps. Le petit nombre qui survit encore, chargé d'ans, d'infirmités, et peut-être de chagrins, a déja plus d'un pied dans la tombe; le reste de la population ou n'y a point pris de part active, ou ne faisait que de naître, ou même n'était pas né ?.. .. (1) Jusques à quand sera-t-il donc permis, à des artisans de discordes, d'insulter, de calomnier, de diffamer une population vierge de crimes, et resplendissante de vertus, de lumières, de gloire?

Au-dedans comme au-dehors, ajoute l'auteur de l'Essai sur l'Indifférence en matière de religion, *c'est* DE L'ORGUEIL *que* NAIT LE TROUBLE..... NOUS VOULONS ÊTRE RICHES, PUISSANTS, POSSÉDER LES DIGNITÉS, LES HONNEURS, LA GLOIRE ; *nous voulons* ÊTRE EN TOUT LES PREMIERS. *Voilà ce qui* NOUS TOURMENTE DURANT LA VEILLE, *et ce qui* AGITE *encore* NOTRE SOMMEIL, etc. (page 422).

C'est une singulière confession que nous fait là M. l'abbé de La Mennais ! Il est à plaindre, s'il est ainsi *tourmenté* et *agité !* Il est possible que quelques uns de ses amis, ainsi qu'un petit nombre d'autres hommes partagent le même

---

(1) Les déclamateurs ne s'aperçoivent pas qu'il y a 34 ans de 1789, 31 ans de 1792, et qu'il y a 24 ans que le gouvernement est régulier en France. Conséquemment ceux qui ont pris une part active à la révolution, devaient avoir de 36 à 50 ans, et les plus jeunes ont maintenant de 60 à 80 ans, il ne peut y en avoir un seul qui n'ait que 50 ans

tourment et la même agitation; mais, à coup sûr, peu d'hommes ont le malheur d'être tourmentés et agités de la sorte !

Un moyen d'en diminuer encore la quantité consisterait à faire plus de cas d'un petit rentier et d'un utile artisan qui vivraient avec modestie et probité, que d'un fat chargé d'orgueil et de faste.

L'auteur dit sérieusement (page 424): *Combien doucement l'ame se repose dans cette pensée*, JE NE SUIS RIEN, JE N'AI DROIT A RIEN, *et c'est* PARCEQUE RIEN NE M'EST DU, QUE J'ESPÈRE POSSÉDER TOUT !......

Ceci, comme on voit, est la pièce bouffonne après la tragédie, et il est impossible de le lire sans rire aux éclats !

Arrêtons-nous ici; finissons-en avec cet éternel ouvrage; laissons blâmer paisiblement, par l'auteur, les Grecques et les Romaines de ce qu'elles n'auraient pas voulu, dit-il, *quitter leurs maisons, leurs familles, pour soigner de pauvres malades, des esclaves infirmes, et s'enfermer avec des pestiférés* (page 475), comme si une mère de famille ne doit pas se ménager pour son mari, pour ses enfants, et préférer de payer pour faire soigner les pauvres et les pestiférés, plutôt que de les soigner elle-même !..... Laissons-lui traiter encore une fois de *sophiste* l'immortel Jean-Jacques Rousseau (page 498), attendu que ses injures doivent maintenant paraître de véritables éloges; laissons-lui appeler l'homme un *transfuge du néant* (page 504), quoique cela puisse faire croire que le néant est habité; laissons-lui dire enfin que *la philosophie est muette* (ibid); car cela veut sans doute dire qu'elle parle admirablement..... Nous avons trop écrit sur si peu de chose, et nous craindrions d'avoir abusé de la patience du lecteur, si nous n'avions employé notre plume pour venger les peuples, les sciences, la philosophie, la raison, et le goût.

FIN.

ERRATA.

page.	ligne.
1,	7 : bouverser ; *lisez :* bouleverser.
4,	23 : lui en faire, un jour ; *lisez :* lui en faire, un jour,
8,	13 du sommaire : M. A.... ; *lisez :* M. A.,
10,	le filet qui doit se trouver sur la note qui n'est composée que d'une ligne et un mot, se trouve, dans presque tous les exemplaires, au-dessus de la dernière ligne, de sorte que cette transposition dénature et le texte et la note.
15,	25 : matière rde eligion ; *lisez :* matière de religion.
20,	9 : M. A.... ; *lisez :* M. A.,
47,	23 : ar les autres ; *lisez :* par les autres.
49,	3 du sommaire : M. A.... ; *lisez :* M. A.,
53,	18 : M. A.... ; *lisez :* M. A.,
54,	13 : *lorgueil* ; *lisez : l'orgueil.*
76,	10 du texte : M. A.... ; *lisez :* M. A.,
95,	15 et 16 : LIBELLISTES, PAMPHLÉTAIRES ; *lisez :* LIBELLISTE, PAMPHLÉTAIRE.
111,	22 : avoira vancé ; *lisez :* avoir avancé.
116,	4 : es tinexact ; *lisez :* est inexact.
135,	2 : satan et les anges ; *lisez :* satan et ses anges.
142,	21 : *après la mort* ; *lisez : après leur mort.*
179,	16 : *la pensée* ; *lisez : sa pensée,*
257,	1 : des globes ; *lisez :* du globe.
266,	8 : on tcontinué ; *lisez :* ont continué.
268,	14 : succédé ; *lisez :* succédés.

page.	ligne.
321,	9 de la note: sera-t-il M. de La Mennais content de cette résolution? *lisez :* M. de La Mennais sera-t-il content de cette résolution ?
323,	9 du sommaire: synonyme; *lisez :* synonymie.
336,	1er vers: ordina; *lisez :* ordinaire.
349,	20: pn pays; *lisez :* du pays.
363,	13: Bellugoa et Joudot; *lisez :* Bellugou et Jondot.

TABLE.

Avant-propos...	1
Chapitre premier.....................................	8
Enfantement de M. l'abbé de La Mennais........	Ib.
État du premier volume.............................	9
État du deuxième volume...........................	10
Lettre anonyme.......................................	11
Effet de cette lettre..................................	Ib.
Publication de l'Examen des tomes I et II......	13
Supposition des amis de M. l'abbé de La Mennais.	Ib.
Véritables motifs de cette critique...............	15
Exemple suivi...	Ib.
Aménités de M. l'abbé de La Mennais envers M. l'abbé Bellugoa et M. Joudot............	17
Modestie de l'auteur de l'Essai sur l'Indifférence en matière de religion, et de ses amis........	18
Modération, charité et bienséance de M. l'abbé de La Mennais et de ses amis.................	19
Polémique curieuse entre des têtes sous le même bonnet...	20
M. A., du journal des Débats, et M. L........ de la Quotidienne...................................	Ib.
Effet de notre examen des tomes I et II........	23
Apparition des tomes III et IV....................	24
Chapitre ii...	26
Comment cet écrit sera fait........................	27
Première annonce et première frayeur..........	Ib.
Deux cents pages de gagnées.......................	Ib.
Joie, surprise, ravissement.........................	28
Les tomes III et IV réduits à ce qu'ils sont......	Ib.
Méthode de fabrication économique pour l'esprit.	29
Citations, notes et guillemets......................	Ib.
Soudures ou traits-d'union..........................	31
Latin, grec et hébreux...............................	Ib.
Luxe d'érudition......................................	32
Latin de cuisine.......................................	33

Ce qu'un écolier peut faire.................. *Ib.*
Entreprise de librairie...................... 34
Comment se fabriquent les compilations....... *Ib.*
Perte considérable que M. l'abbé de La Mennais aurait éprouvée, s'il avait ainsi manufacturé la sienne.. 35
Moyens qu'il a dû employer.................. *Ib.*
Ce dont le public est menacé................ 36
Chapitre III................................. 37
Comment M. l'abbé de La Mennais a profité de notre examen de ses tomes I et II........... 38
Miracles sur miracles....................... 39
Plus de putréfaction, etc................... *Ib.*
Pas un cadavre.............................. *Ib.*
Presque plus de politique................... *Ib.*
Il loue J.-J. Rousseau...................... 40
Sermons de M. l'abbé de La Mennais.......... 41
Nouveaux conseils........................... 42
Comment on doit intituler les livres faits avec les ciseaux.................................. *Ib.*
Comment on doit faire une bonne compilation. 43
Ce qu'on croit trouver dans l'Essai sur l'Indifférence en matière de religion................ *Ib.*
Comment il convient de prêcher.............. 44
Nécessité de la concision et de la clarté... 45
Qu'il vaut mieux faire plusieurs ouvrages qu'un seul ouvrage trop long......................
Convenances à observer...................... 46
Comment on est respectable.................. 47
Chapitre IV.................................. 49
Comment il fallait combattre l'indifférence. 50
Ouvrage qu'on pouvait publier de suite...... 52
L'obscurité.................................
M. L........ et M. A........................ 53
Le témoignage universel..................... 54
Les premiers chrétiens...................... 56
Effets de l'obéissance passive.............. 57
Les systèmes de philosophie................. 58
Des facultés intellectuelles................ 61

TABLE.

Chapitre v.	62
Définition de la philosophie et des philosophes..	Ib.
Ceux qui ont le plus d'orgueil.	64
La religion naturelle.	65
De la morale.	67
Que toutes les religions sont bonnes.	68
Amphigouri.	71
Apologie de la religion naturelle par M. de La Mennais.	72
Chapitre vi.	76
De la raison individuelle.	77
Liberté sans liberté.	80
Répétitions sans fin.	Ib.
La plus grande autorité visible.	83
Apologie de l'idolâtrie.	84
Satire de l'idolâtrie.	87
De deux choses l'une.	88
Chapitre vii.	90
Encore l'autorité réelle.	Ib.
Apologie du peuple juif.	94
Modération et aménité de M. l'abbé de La Mennais et de ses amis.	95
Maladie et santé.	97
Encore un éloge du peuple juif.	97
Satire et assertions erronées sur les Juifs.	98
Chapitre viii.	103
État des Juifs en France et en Hollande.	Ib.
Contradictions de M. l'abbé de La Mennais sur le peuple juif.	104
Rétablissement de la vérité sur le peuple juif.	Ib.
Encore des injures.	112
L'un ou l'autre.	113
Que les Juifs sont comme les autres hommes.	116
Chapitre ix.	117
Calomnies contre la philosophie grecque.	Ib.
Apologie de l'idolâtrie.	121
Injures contre la philosophie romaine.	122
Insultes pour les grands.	123
La raison renverse les lois.	121

Le soleil produit l'obscurité.................. 126
Préférence de M. de La Mennais de l'idolâtrie sur
   le christianisme........................ *Ib.*
Satire de l'idolâtrie........................... 128
Encore une fois, de deux choses l'une......... *Ib.*
CHAPITRE X................................ 130
Citations éternelles......................... 131
Le fond de toutes les croyances............... *Ib.*
Causes de l'idolâtrie......................... 133
Redoublement de citations................... 134
Idolâtrie des hommes morts.................. 135
Premier voyage de M. de La Mennais autour du
   monde................................. 136
Monstrueuse hérésie......................... 138
Nouveau débordement de citations............ 140
Le même Dieu par-tout...................... *Ib.*
Second voyage de M. de La Mennais autour du
   monde................................. 147
CHAPITRE XI............................... 149
Les protestants assimilés aux idolâtres......... 150
La vérité rétablie sur le protestantisme........ 151
Variations diverses du christianisme........... 153
Variations du catholicisme.................... 154
Population du monde, divisée par cultes....... 158
Bons effets de la philosophie................. 159
Résultats de l'intolérance..................... *Ib.*
Variations des idolâtres...................... 160
Troisième voyage de M. de La Mennais autour
   du monde.............................. *Ib.*
Intolérance des païens....................... *Ib.*
Intolérance des catholiques................... 161
CHAPITRE XII.............................. 165
Le protestantisme et l'idolâtrie n'ont point d'uni-
   versalité................................ *Ib.*
Conséquence de cette prétention de M. de La Men-
   nais.................................... *Ib.*
Intolérance civile des cultes idolâtriques....... 167
Encore des injures pour les protestants........ *Ib.*
Nouvelle justification des protestants.......... 169

TABLE. 367

Chapitre XIII............................	176
Calomnies de M. de La Mennais contre la volupté.	Ib.
Justification de la volupté...................	277
Vision de l'enfer...........................	178
Troisième religion nouvelle trouvée par M. de La Mennais............................	179
Temple dans le cœur de l'homme.............	180
Explication de ce *métaphorisme*................	183
Lignes de démarcation entre ce qui est crime et ce qui ne l'est pas, entre ce qui est punissable et ce qui ne l'est pas.....................	Ib.
Des crimes.................................	Ib.
Des passions...............................	185
Des plaisirs................................	186
De la volupté..............................	187
Des maux qui accablent l'humanité...........	188
Le chaos de M. de La Mennais................	189
Chapitre XIV..............................	190
De l'unité.................................	Ib.
La forme de tout ce qui est beau..............	193
Le germe devient arbre, l'enfant devient homme.	194
Développement de la religion.................	195
Cicéron....................................	196
Interprétation de Cicéron.....................	Ib.
Les Brachmanes............................	199
Celse et son vœu............................	200
Chapitre XV...............................	202
Petite note sur Rousseau.....................	Ib.
Qu'*une* n'est pas *deux*.........................	203
Tour d'adresse..............................	Ib.
La beauté ne s'altère point...................	204
Que le symbole de l'idolâtrie, d'après M. de La Mennais, ressemble au symbole de la société chrétienne................................	205
Encore une maladresse de M. de La Mennais d'après laquelle l'unité appartiendrait à toutes les sectes chrétiennes et même à tous les cultes idolâtriques..............................	209
L'unité du culte prouvé par M. de La Mennais..	207

Sacrifices humains............................ 208
Encore des citations à perte de vue............ 212
CHAPITRE XVI................................. 213
De l'universalité............................... Ib.
Le vrai Dieu par-tout adoré.................... Ib.
Le temple de Delphes.......................... 214
Citations sur citations......................... 215
Il n'y a jamais eu d'idolâtrie d'après M. de La Mennais...................................... Ib.
Démophile, et nouvelle attaque contre la volupté. 217
Les habitants du faubourg St.-Germain et autres. 219
Moyen de fermer la bouche à M. de La Mennais.. 220
Justification des hommes riches............... Ib.
Tableau du voluptueux........................ 221
CHAPITRE XVII................................ 223
Haine à la raison.............................. Ib.
Justification de la raison...................... 224
Attaque contre les savants et les géologues...... Ib.
Haine à la science............................. 225
Des Guèbres................................... Ib.
Ce qui serait plus adroit....................... 226
La voix de la mort............................. 227
Le néant cherché.............................. 229
Le silence du tombeau......................... 230
CHAPITRE XVIII............................... 232
Les hommes naissent criminels................ Ib.
Justification de l'enfant qui vient de naître..... 233
De l'usage des sacrifices....................... 235
Ce qui serait mieux............................ Ib.
Le genre humain condamné à mort............ Ib.
Coquetterie de la raison envers M. de La Mennais. 237
Contradictions................................. 238
De la morale................................... Ib.
Les devoirs niés................................ 240
La philosophie convenant de l'universalité de la loi morale.................................... Ib.
Rousseau...................................... 241
Hésiode.. 242
Jugement unanime des païens................. 243

Humbles questions............................ *Ib.*
Réponses de M. de La Mennais................ 244
Voyage que nous ne pouvons faire............. 245
Chapitre XIX................................ 246
Du tome IV.................................. *Ib.*
Récapitulation des faits...................... 247
Proposition qui sent les bancs................ 248
De la continuité des faits physiques et moraux.. 249
Impossibilité de prévoir l'avenir.............. *Ib.*
Mort physique de presque tout le genre humain
    actuel..................................... 252
Passons au déluge............................ 254
Ce qu'il fallait écrire......................... *Ib.*
Citation de M. Cuvier........................ 255
Qu'il ne faut pas injurier les savants, lorsqu'on
    veut s'étayer de leurs opinions.............. *Ib.*
Résumé véritable de la citation de M. Cuvier... 256
Nouvelle maladresse de M. de La Mennais...... 257
Chapitre XX................................. 259
Examen des hérésies de M. Cuvier............. *Ib.*
Première hérésie............................. *Ib.*
Deuxième hérésie............................. 261
Troisième hérésie............................ 262
Quatrième hérésie............................ *Ib.*
Observations sur la maladresse de M. de La Men-
    nais....................................... 263
Autres passages de l'ouvrage de M. Cuvier qui
    combattent le déluge....................... 264
Nos conclusions sur les systèmes géologiques... 267
Chapitre XXI................................ 269
Platon ne veut pas qu'on raisonne............. *Ib.*
M. de La Mennais, quoique n'étant pas Platon,
    ne le veut pas non plus..................... 270
Attaque contre la philosophie................. 271
Examen des arguments de M. de La Mennais à ce
    sujet....................................... *Ib.*
Injures nouvelles de M. de La Mennais contre la
    raison..................................... 273
Excuses de la raison.......................... *Ib.*

Méthode de M. de La Mennais.................. 274
CHAPITRE XXII............................... 276
Pensée amère et sentiment douloureux de M. de
   La Mennais................................ *Ib.*
Explication qui doit les lui faire passer........ *Ib.*
Contention qui n'est pas une contention....... 278
Des malheureux insensés...................... 279
Qu'il ne faut contraindre personne............ 280
Effets de l'intolérance........................ *Ib.*
Le lit de roses du Sybarite.................... 281
Des hommages forcés.......................... *Ib.*
Le vêtement des ténèbres..................... 282
CHAPITRE XXIII.............................. 284
Antiquité de l'Écriture........................ *Ib.*
Ce qui doit flatter les Juifs................... *Ib.*
Que la tradition, selon M. de La Mennais, est
   préférable à l'Écriture..................... 285
Ce qui s'ensuivrait........................... 286
Des sociétés bibliques......................... *Ib.*
Supposition que la Sainte-Écriture n'existât pas.. 287
Ce qu'on verrait............................. 288
Méthode d'écrire à double sens................ 289
Retour à la création.......................... 290
Retour au déluge............................. *Ib.*
CHAPITRE XXIV.............................. 292
Apostrophe de M. de La Mennais au peuple juif.. *Ib.*
Remarques sur cette apostrophe............... 293
Esclavage des Juifs........................... 294
Histoire des Juifs............................. *Ib.*
Leur dispersion............................... 295
Que sont devenus les peuples de l'antiquité?.... 296
Destinée des nations.......................... *Ib.*
Horreur et mépris de M. de La Mennais........ 297
Assimilation des Juifs aux martyrs chrétiens.... 298
Que les persécuteurs peuvent seuls être accusés
   d'orgueil et de bassesse.................... *Ib.*
Ce que la saine philosophie reconnaît.......... 299
Ce que M. de La Mennais devrait dire.......... 300
Le supplice du bonheur....................... 301

Chapitre XXV.	302
Langage philosophique de M. de La Mennais.	Ib.
Cinquième retour à la création du monde.	303
La révélation du passé, du présent, et de l'avenir.	Ib.
Conséquences qu'on peut tirer des assertions de M. l'abbé de La Mennais.	304
Réponses de M. de La Mennais.	306
S'il n'y avait point eu de prophéties, l'homme aurait cessé d'être homme.	307
Citation de Rousseau.	308
Examen de cette citation par M. de La Mennais.	309
Chapitre XXVI.	312
Examen de l'examen de M. de La Mennais.	Ib.
Distinction de ce que Rousseau dit, et de ce que M. de la Mennais lui fait dire.	313
Du témoignage des sens.	Ib.
Que Rousseau ne nie point la possibilité des faits croyables.	315
Chef-d'œuvre du sophisme.	Ib.
Examen de ce chef-d'œuvre.	316
Ce que M. l'abbé de La Mennais paraît s'imaginer.	317
Rousseau traité de sophiste.	318
L'infini à parier contre un.	Ib.
Nous sommes d'accord sans nous en douter.	319
Conséquences de tout cela.	320
Nouveau combat de M. de La Mennais à coups de livres.	321
Chapitre XXVII.	323
Voyons les miracles de M. de La Mennais	324
Retour aux prophéties.	Ib.
Point de prophéties sans miracles.	325
Difficultés de distinguer les vrais miracles des faux.	326
Inutilité des miracles et des prophéties d'après ce qui précède.	327
Voltaire et Rousseau.	Ib.
Singulière conséquence de M. de La Mennais.	328
Encore un fragment de Rousseau.	329
Rousseau traité de nouveau de sophiste.	Ib.
Synonymie prétendue de sophisme et de raison-	

TABLE.

nement...	330
Sophisme gigantesque de M. de La Mennais....	331
Combat du sophisme précédent................	332
L'ignorance de Newton........................	333
CHAPITRE XXVIII................................	335
Nouvelle manifestation du tic de M. de La Mennais..	Ib.
Petit sophisme.................................	336
Qu'on peut être aveugle de plusieurs manières...	337
Comment on peut croire et ne pas croire.......	338
La loterie de M. de La Mennais................	339
Ce qu'on peut en conclure.....................	340
Conséquences..................................	341
CHAPITRE XXIX..................................	344
Du dédain et du mépris........................	345
De l'amour de soi..............................	346
De l'égoïsme...................................	Ib.
Furieuses déclamations de M. de La Mennais contre les peuples................................	347
Ce que c'est que l'amour de soi dans un peuple..	348
Comment le peuple détruit le pouvoir..........	Ib.
Il n'y a plus d'incrédules d'après M. de La Mennais..	349
Des droits et des devoirs.......................	Ib.
Le sceptre, c'est l'épée........................	350
Amphigouri....................................	Ib.
Le maître et l'esclave..........................	351
Outrage frénétique contre les peuples..........	353
Les peuples et particulièrement le peuple français vengés des outrages de M. de La Mennais....	Ib.
Ce que c'est qu'un peuple......................	Ib.
Ce que sont les peuples........................	Ib.
Qu'il faudrait punir de semblables calomnies...	355
Tableau véritable du peuple français..........	Ib.
Sa révolution..................................	356
Tableau de la génération actuelle..............	Ib.
Singulière confession de M. l'abbé de La Mennais.	357
Petite pièce comique...........................	358
Arrêtons-nous	Ib.

LIVRES NOUVEAUX

Qu'on trouve, à Paris, chez l'Éditeur, rue des Filles-Saint-Thomas, N. 5, à l'entresol, entre la rue Vivienne, et la rue Notre-Dame-des-Victoires.

AVIS TRÈS IMPORTANT.

Les succès des ouvrages dont il va être question ont donné l'idée à quelques personnes de publier des écrits du même genre, et sous des titres tellement rapprochés de ceux-ci, qu'il est impossible de ne pas les confondre les uns avec les autres.

Afin d'éviter toute erreur, on doit copier très exactement le titre et le nom de l'auteur de chaque ouvrage qu'on veut se procurer, et ne pas manquer d'adresser, *franc de port*, les lettres et l'argent ainsi qu'il suit : A M L'ÉDITEUR *des ouvrages de* MOSSÉ *et de* L'AMI, *rue des Filles-Saint-Thomas, n° 5,* A L'ENTRESOL, *entre la rue Vivienne et la rue Notre-Dame-des-Victoires,* à Paris.

Les personnes de Paris qui adresseront leurs demandes par lettres affranchies à la petite poste, recevront le lendemain, sans frais, les exemplaires qu'elles auront demandés.

Tous les bureaux de poste aux lettres, tant de la France que de l'étranger, ainsi que les receveurs-généraux, et les négocians ou banquiers, se chargent de faire parvenir depuis la plus petite somme jusqu'à la plus grande. On doit, par ces derniers, *faire tirer à vue*, et non à un terme quelconque.

OUVRAGES DE MOSSÉ.

EXAMEN CRITIQUE (des tomes I et II) *de l'Essai sur l'Indifférence en matière de religion par M. l'abbé de La Mennais, par* (MOSSÉ) LE JOYEUX DE SAINT-ACRE. *Ouvrage qui venge les peuples, les gouvernements, les religionnaires non catholiques, la philosophie, les sciences, la raison et le goût, outragés par M. l'abbé de La Mennais.*
            Les Cotins étaient des aigles.

Un volume in-8°, figure. Prix : 6 fr., et 7 fr. franc de port.

Cet ouvrage est le premier qui ait été publié par suite des tomes I et II de celui de M. de La Mennais; il est le seul qui passe en revue les deux volumes de l'Essai sur l'Indifférence, et qui les examine sous les rapports philosophiques, politiques, et littéraires, les autres s'étant bornés à réfuter les doctrines religieuses du deuxième volume seulement.

Ce n'est pas seulement une réfutation complète des tomes I et II de M. de La Mennais; c'est plutôt un ouvrage tracé sur un plan étendu, où les principes opposés au sien sont exposés et soutenus de la même manière que dans l'*Essai sur l'Intolérance*.

L'analyse fidèle et les citations nombreuses qu'on y trouve dispensent de lire en même temps et même de connaître l'ouvrage de M de La Mennais.

Le Constitutionel, le Courrier français, la Revue Encyclopédique et le Miroir ont rendu le compte le plus avantageux de cet ouvrage.

CHRONIQUE DE PARIS, ou le Spectateur moderne; *contenant des tableaux des mœurs et usages, caractères, anecdotes et ridicules du jour; des mélanges polémiques et critiques sur un grand nombre d'hommes de lettres et d'écrits de ce temps, des révélations de plagiats, de petites nouvelles et faits singuliers concernant les lettres, les beaux-arts, les théâtres, les journaux, les modes, etc.; par* (MOSSÉ) M. M., *ancien collaborateur du Mercure de France.*

Je consacre ma vie à la vérité.

Trois volumes in-8°. Prix : 15 fr., et 18 fr. franc de port. (*Dans ces trois volumes le précédent est compris.*)

Le titre et le sommaire de cet ouvrage font reconnaître l'intérêt et la variété que l'auteur y a répandus.

On y trouve un très grand nombre d'aventures piquantes; des mélanges littéraires sur une foule d'écrits de ce temps, sur la tactique des cabales, etc.; des révélations de plagiats, des dissertations philosophiques et critiques sur les mœurs, les lettres, les beaux-arts, les théâtres, les modes, etc.

C'est un de ces ouvrages qu'on peut ouvrir au premier endroit venu avec la certitude d'y trouver toujours quelque chose de plaisant, de caustique, et de vrai.

(Il ne reste plus qu'un très petit nombre d'exemplaires de cet ouvrage et du précédent, et ils ne seront pas réimprimés.)

L'ART DE GAGNER SA VIE, *d'augmenter ses revenus, et de parvenir à la fortune; ou des ressources que tout homme possède pour se faire un état à quelqu'âge et dans quelque situation qu'il se trouve; contenant des conseils sur les meilleurs moyens d'exercer toutes les professions, de choisir la plus convenable selon le lieu qu'on habite, les circonstances où l'on est, et les ressources qu'on peut avoir; de pros-*

pérer dans celle qu'on a adoptée, ou de s'en créer de nouvelles ; avec de nombreuses indications sur les armes, la magistrature, les administrations, la carrière médicale, le barreau, les beaux-arts, les sciences, les lettres, les affaires, et toutes les branches d'industrie et de commerce qui concourent à la nourriture, à l'habillement, à l'habitation, à l'ameublement, au luxe, à la librairie, etc., etc.; par MOSSÉ.

L'intelligence est le seul maître nécessaire.

Cet ouvrage est un véritable *Traité des ressources industrielles de l'homme* entièrement nouveau. Tous les journalistes qui en ont rendu compte, même ceux qui sont les ennemis de l'auteur, se sont accordés pour en faire l'éloge.

En voici le résumé extrait de l'article qu'un des meilleurs journaux de la capitale en a donné :

« Ce livre est beaucoup plus grave et solide que la première partie
« du titre ne pouvait le faire supposer à quelques lecteurs ; il em-
« brasse toutes les ressources trouvées par l'homme pour se faire
« une existence indépendante, ou pour améliorer celle dont il jouit.
« Les sciences, les lettres, les beaux-arts, la carrière administrative,
« le barreau, l'art de guérir, les affaires, tout y est considéré sous le
« point de vue le plus directement utile, qui est incontestablement
« celui des bénéfices et des avantages personnels que chacun peut
« s'y procurer selon sa position sociale.

« M. Mossé s'attache particulièrement à indiquer dans son livre
« tout ce qui peut faire réussir dans chaque profession selon le lieu
« qu'on habite et les circonstances où l'on se trouve ; il donne même
« plusieurs moyens ingénieux pour se faire un état sans apprentis-
« sage et sans ressources pécuniaires, pourvu qu'on soit doué d'une
« intelligence suffisante.

« L'ouvrage se partage en quatre grandes divisions, dont la pre-
« mière renferme un examen de toutes les professions ; la deuxième,
« les principes généraux, les règles d'ordre, d'économie, de pru-
« dence et de conduite qu'il convient d'y adopter ; la troisième, la
« marche particulière qu'il faut suivre dans chaque spéculation ; la
« quatrième, celle qu'on doit se tracer dans les carrières des arts li-
« béraux et des sciences. »

Le succès que ce livre a obtenu dès sa publication, la réputation qu'il s'est acquise et qu'il conserve, rend inutile d'en parler davantage pour faire connaître son utilité.

LES TRAVERS DES SALONS *et des lieux publics; caractères, portraits anecdotes, faits bizarres, où l'on reconnaîtra d'innombrables originaux; par* (MOSSÉ) LE JOYEUX DE SAINT-ACRE.

Un volume in-12, orné d'une gravure double coloriée. Prix : 4 fr., et 4 fr. 60 c. franc de port.

(*Ce volume est extrait de la* Chronique de Paris.)

Ce livre est une immense galerie de tableaux variés et piquants; chacun y reconnaît son voisin à défaut de soi-même; les utiles leçons qu'on y puise sont enveloppées dans des exemples qui amusent en éclairant les hommes de tous les âges et de toutes les classes distinguées de la société. C'est en même temps l'ouvrage le plus capable d'exciter la curiosité, de satisfaire la malignité publique, et le meilleur guide que l'on puisse prendre pour observer les maladresses, les gaucheries, les fautes d'usage, les ridicules, les inconvénients et les travers de tous genres dans toutes les occasions et les circonstances qui se présentent dans la vie sociale.

DÉNONCIATION AU COMMERCE *et à l'opinion publique d'un abus révoltant de la Banque de France et des porteurs d'effets échus; par* (MOSSÉ) M. M.

In-8°. Prix : 1 fr. 25 c.

> Les réputations commerciales sont comme la femme de César; elles ne doivent pas être atteintes par le moindre soupçon.
>
> (Page 16 de cette brochure.)

Cette brochure n'est point une vaine déclamation; elle combat un abus réel et criant, contre lequel tous les commerçants devroient se soulever en masse jusqu'à ce qu'il n'existât plus. Elle est toute dans l'intérêt des réputations commerciales, et l'épigraphe, tirée de la brochure même, indique assez les motifs qui ont dirigé l'auteur.

OUVRAGES DE L'AMI.

L'ART DE PLAIRE ET DE FIXER, ou CONSEILS AUX FEMMES *sur les moyens de connaître les beautés et les défauts de toutes les parties du corps, de les soigner, de s'habiller avec goût, de se tenir, marcher et parler gracieusement, d'observer toutes les convenances de leur sexe, d'éviter les mauvaises habitudes, de se conduire dans les relations intimes et dans diverses circonstances de la vie, telles que les passions, la jalousie, les infidélités, les succès et les disgraces des hommes; de se rendre toujours plus desirables, d'empêcher la satiété, la répugnance et l'inconstance, d'établir l'ordre dans leurs maisons, et de surveiller toutes les parties du service, du logement, du linge, du mobilier, de la table, etc., etc., etc.; par* L'AMI.

Un volume in-18, orné d'une jolie gravure, d'un titre gravé, et d'une couverture imprimée. Prix : 3 fr., et 3 fr. 50 cent. franc de port.

L'ART DE SE FAIRE AIMER DES FEMMES ET DE SE CONDUIRE DANS LE MONDE, ou CONSEILS AUX HOMMES *sur les moyens de connaître et de soigner les beautés et les défauts de toutes les parties du corps, de s'habiller avec goût, se tenir, marcher et parler d'une manière distinguée, d'observer toutes les convenances sociales, de se conduire dans les relations intimes et dans toutes les circonstances de la vie, de remplir les devoirs d'homme d'honneur, d'ami, de mari, de père, d'établir l'ordre dans leurs maisons, d'éviter les défauts, les vices, les mauvaises habitudes, etc., etc., etc.;* par L'AMI.

Un volume in-18, avec gravure, titre gravé, couverture imprimée. Prix : 3 fr., et 3 fr. 5o cent. franc de port.

L'ART DE CONSERVER ET D'AUGMENTER LA BEAUTÉ, DE CORRIGER ET DE DÉGUISER LES IMPERFECTIONS DE LA NATURE, *indiquant les moyens d'engraisser, de maigrir, de déguiser les défauts de conformation, de conserver, adoucir, blanchir et raffermir les seins, les bras, les mains et le visage, d'en faire passer les accidents qui les déparent, de faire venir des cheveux, les faire boucler, les teindre, les conserver, de rafraîchir, purifier et fortifier les yeux, la bouche, etc., de faire disparaître les points noirs, les rousseurs, les taches, la couperose, les peaux farineuses, les rides, les maux de tête, les feux subits, la mélancolie, les vapeurs, les attaques de nerfs, etc., etc.;* par L'AMI.

Un volume in-18, avec gravure, titre gravé, couverture imprimée. Prix : 3 fr., et 3 fr. 5o cent. franc de port.

L'ART DE CHOISIR UNE FEMME ET D'ÊTRE HEUREUX AVEC ELLE, ou CONSEILS AUX HOMMES A MARIER ET AUX CHEFS DE FAMILLE, *contenant des considérations sur la convenance relative de la naissance de la famille, de l'âge et de la santé, de la beauté du corps et du visage, de la fortune, des habitudes, des goûts, du caractère, etc.; avec l'indication des moyens qu'on peut employer pour s'assurer des qualités et des défauts de la femme qu'on choisit, ainsi que pour la diriger, la conserver, la rendre heureuse, etc.;* par L'AMI.

Un volume in-18, orné d'une jolie gravure représentant la brune et la blonde, un titre gravé, et une couverture imprimée. Prix : 3 fr., et 3 fr. 5o cent. franc de port.

Quoique les quatre volumes précédents soient chacun un traité séparé, leur réunion forme un corps d'ouvrage fait pour exciter l'intérêt et la curiosité des deux sexes de tout rang et de toute âge.

www.ingramcontent.com/pod-product-compliance
Lightning Source LLC
Chambersburg PA
CBHW070444170426
43201CB00010B/1203